职业院校新能源汽车专业通用教材

XIN NENG YUAN QI CHE QU DONG DIAN JI JI KONG ZHI XI TONG JIAN XIU

新能源汽车驱动电机及控制系统检修

(微课版)

主　编　陈　标
副主编　蒋铁球　李莎　岑华　张娟
组　编　上海景格科技股份有限公司

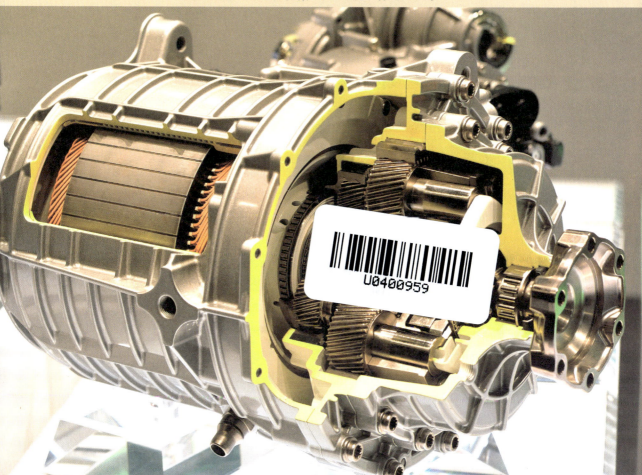

华东师范大学出版社
·上海·

图书在版编目(CIP)数据

新能源汽车驱动电机及控制系统检修/陈标主编;上海景格科技股份有限公司组编.—上海:华东师范大学出版社,2023
ISBN 978-7-5760-4466-9

Ⅰ.①新… Ⅱ.①陈…②上… Ⅲ.①新能源-汽车-驱动机构-控制系统-车辆修理 Ⅳ.①U469.703

中国国家版本馆CIP数据核字(2024)第027348号

新能源汽车驱动电机及控制系统检修

组　　编	上海景格科技股份有限公司
主　　编	陈　标
责任编辑	李　琴
责任校对	张　筝　时东明
装帧设计	庄玉侠
出版发行	华东师范大学出版社
社　　址	上海市中山北路3663号　邮编200062
网　　址	www.ecnupress.com.cn
电　　话	021-60821666　行政传真 021-62572105
客服电话	021-62865537　门市(邮购)电话 021-62869887
地　　址	上海市中山北路3663号华东师范大学校内先锋路口
网　　店	http://hdsdcbs.tmall.com
印 刷 者	上海昌鑫龙印务有限公司
开　　本	787毫米×1092毫米　1/16
印　　张	15.5
字　　数	336千字
版　　次	2024年10月第1版
印　　次	2024年10月第1次
书　　号	ISBN 978-7-5760-4466-9
定　　价	48.00元

出版人　王　焰

(如发现本版图书有印订质量问题,请寄回本社客服中心调换或电话021-62865537联系)

前言 QIAN YAN

  党的二十大报告提出，要实施全面节约战略，发展绿色低碳产业，绿色发展战略升级，并提出"积极稳妥推进碳达峰碳中和"目标。新能源作为现代化产业、经济增长新引擎被提出。新能源汽车作为新能源产业的重要组成部分，是我国重要战略性新兴产业，对实现碳达峰碳中和目标具有重要的作用。2020年11月国务院办公厅印发了《新能源汽车产业发展规划（2021—2035年）》，"三纵三横"研发布局为我国新能源汽车产业发展搭建了强有力的技术底座，也为我国新能源汽车发展指明了方向，提出了更高要求。发展新能源汽车产业，是汽车产业高质量发展的必然选择。

  驱动电机是新能源汽车行驶中的主要执行机构，驱动电机及其控制系统是新能源汽车的核心部件之一，其驱动特性决定了汽车行驶的主要性能指标。"新能源汽车驱动电机及控制系统检修"为新能源汽车技术专业的必修课。本课程坚持思政育人、文化育人、专业育人、实践育人四位一体的教学理念，采用理实一体的教学模式，以实际拆装检测案例导入典型工作任务，将思政教育融入课堂教学，注重对使用者专业知识、动手能力和职业素养的综合培养。

  本教材共有5个项目11个任务，介绍了新能源汽车驱动电机及控制系统认知、驱动电机结构原理与检修、电机控制器结构原理与检修、减速器总成结构原理与检修，以及电驱冷却系统组成原理与检修，使学生系统了解新能源汽车驱动电机及控制系统构造与原理、检修方面的知识。

  本教材以职业教育工学一体化课程改革模式作为课程设置与内容选择参照点，以科学性、实用性、通用性为原则，符合职业教育汽车类课程体系设置特点。从展现形式来看，本教材为立体化教材，它以独具魅力的纸质教材为核心，借助移动互联网，通过扫描二维码实现纸质教材与移动端数字化资源的瞬间链接，将教材配套的数字化资源与纸质教材内容充分融合，易教易学。

本教材为职业教育新能源汽车、汽车运用技术等专业的教学用书,也可作为成人高等教育或汽车技术人员培训教材,汽车维修人员和汽车技术爱好者亦可用于自学。

由于编者的水平有限,本教材还有很多不足之处,希望使用者及时提出修改意见和建议,以便我们在后续修订时改正和完善。

编者

2024 年 8 月

目录 MU LU

▶ 微课视频

电机驱动系统功用 / 2

电机驱动系统安装位置（比亚迪 E5）/ 3

电机驱动系统认知（比亚迪秦 EV）/ 10

驱动系统布置形式 / 15

电机驱动系统组成（北汽 EV160）/ 18

电机分类认知——按电源类型分 / 26

认识交流异步电机 / 31

认识永磁同步电机 / 32

驱动电机性能参数认知 / 33

新能源汽车,同步还是异步？/ 38

定子结构 / 39

定子绕组连接方法类型 / 40

永磁同步电机工作原理 / 45

永磁同步电机控制原理 / 46

三相笼型异步电动机结构 / 50

认识驱动电机探气间隙 / 51

三相异步电机工作原理 / 53

左手定则原理 / 64

永磁同步电机分解与组装（工业电机）/ 68

永磁同步电机静态检测（工业电机）/ 73

交流异步电机静态检测（工业电机）/ 85

项目一　新能源汽车驱动电机及控制系统认知　1

任务 1　电机驱动系统认知　2

任务 2　电机驱动系统基本组成与原理　10

项目二　驱动电机结构原理与检修　25

任务 1　驱动电机基本认知　26

任务 2　常见电机基本组成与原理　37

　　实训 1　永磁同步电机分解与组装（工业电机）　68

　　实训 2　永磁同步电机静态检测（工业电机）　73

　　实训 3　交流异步电机分解与组装（工业电机）　80

　　实训 4　交流异步电机静态检测（工业电机）　85

任务 3　典型驱动电机结构与检修　95

　　实训 1　永磁同步驱动电机检修（比亚迪 E5）　106

　　实训 2　永磁同步驱动电机拆解与检测（比亚迪 E5）　112

永磁同步驱动电机检修
（比亚迪 E5）/ 106

永磁同步驱动电机拆解与检测
（比亚迪 E5）- 01 驱动电机分
解 / 112

永磁同步驱动电机拆解与检测
（比亚迪 E5）- 02 驱动电机解
体后检测 / 116

永磁同步驱动电机拆解与检测
（比亚迪 E5）- 03 驱动电机组
装 / 121

电能变换知多少？——百变 DC
和 AC / 128

电机控制器结构（北汽 EV160）
/ 129

高压电控总成组成（比亚迪 E5）
/ 129

电机控制器工作原理 / 132

电机控制器检测（比亚迪 E5）/ 156

差速器工作原理 / 174

差速器功用 / 174

减速器总成结构（荣威 E50）/ 175

减速器工作原理（荣威 E50）/ 175

减速器总成结构（比亚迪 E5）/ 179

输入轴组件结构（比亚迪 E5）/ 180

副轴结构（比亚迪 E5）/ 180

差速器结构（比亚迪 E5）/ 181

减速器总成拆解与检测（比亚迪 E5）/ 185

认识电驱冷却系统 / 196

电驱冷却系统功用 / 197

电驱冷却系统组成（比亚迪 E5）/ 208

电驱冷却系统工作过程（比亚迪 E5）/ 210

电驱冷却系统检修（比亚迪 E5）/ 223

电驱冷却系统主要部件拆装（比亚迪 E5）/ 227

电驱冷却系统部件电路检测（比亚迪 E5）/ 234

项目三　电机控制器结构原理与检修　127

任务 1　电机控制器基本组成与原理　128

任务 2　典型电机控制器结构与检修　138

实训 1　电机控制器检测（比亚迪 E5）　155

项目四　减速器总成结构原理与检修　167

任务 1　减速器总成基本组成与原理　168

任务 2　典型减速器总成结构与检修　177

实训 1　减速器总成拆解与检测
（比亚迪 E5）　185

项目五　电驱冷却系统组成原理与检修　195

任务 1　电驱冷却系统基本组成与原理　196

任务 2　典型电驱冷却系统组成与检修　206

实训 1　电驱冷却系统检修（比亚迪 E5）　223

实训 2　电驱冷却系统主要部件拆装
（比亚迪 E5）　227

实训 3　电驱冷却系统部件电路检测
（比亚迪 E5）　234

项目一 新能源汽车驱动电机及控制系统认知

项目概述

新能源汽车与传统燃油汽车所采用的驱动部件不同。传统燃油汽车采用发动机驱动车辆,而新能源汽车采用电机驱动车辆。电机驱动系统是纯电动汽车的核心系统之一,它的任务是在驾驶员的操控下,高效率地将动力电池的电能转换为车轮的动能,或者将车轮上的动能转换为电能回馈到动力电池中。电机驱动系统的特性影响车辆的主要性能指标,直接影响车辆动力性、经济性和用户驾乘感受。

本项目主要介绍新能源汽车驱动电机及控制系统相关内容,包括电机驱动系统认知和电机驱动系统基本组成与原理。

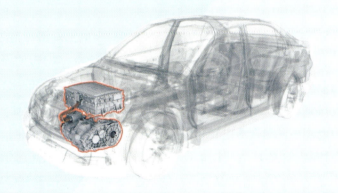

任务 1　电机驱动系统认知

任务目标

1. 了解电机驱动系统发展与应用。
2. 掌握新能源汽车电机驱动系统要求。

任务导入

某职业院校新能源汽车技术专业学生,学习了纯电动汽车的组成,掌握了纯电动汽车包括动力电池系统、电机驱动系统、整车控制系统以及底盘、车身和辅助电气的几大组成部分。现班级同学要开始深入学习电机驱动系统,老师提出三个问题:一是什么是电机驱动系统?二是电机驱动系统的发展趋势是什么?三是电机驱动系统的要求有哪些?要求班级同学通过对电机驱动系统的学习,整理出电机驱动系统的定义、发展和要求等相关知识。

知识储备

根据《电工术语　旋转电机》(GB/T 2900.25—2008)、《电工术语　电力电子技术》(GB/T 2900.33—2004)和《电动汽车术语》(GB/T 19596—2017)的界定,驱动电机系统是驱动电机、驱动电机控制器及它们工作必需的辅助装置的组合。驱动电机系统即为电机驱动系统,它是纯电动汽车的核心系统之一,可以通过有效的控制策略将动力电池提供的直流电转化为交流电,进而实现电机的转向、转速、转矩及功率的综合控制,如图1-1-1所示。在汽车工作过程中,电机驱动系统根据驾驶员的操作意图、动力电池和驱动电机的状态控制车辆的行驶和停止,高效率地将动力电池的电能转换为车轮的机械能,同时在汽车减速制动或者下坡时,进行能量回收,从而达到节能减排的目的。

电机驱动系统功用

电机驱动系统安装位置（比亚迪 E5）

图 1-1-1 电机驱动系统

一、电机驱动系统发展与应用

现代电动汽车区别于燃油汽车的最大不同点，就是普遍采用了电机驱动系统，替代传统的内燃机驱动系统。电机驱动系统也经过了长期的发展。下面我们从电机驱动系统发展历程、应用现状、技术发展趋势三个方面来重温电机驱动系统走过的路。

（一）电机驱动系统发展历程

在 20 世纪 80 年代之前，电动车的原型机中多使用直流电机，其特性非常适合道路负载，并且控制简单。然而，体积大和需要维护的特点限制了直流电机在电动车及电机驱动领域的应用。随着技术的不断发展，现代电动汽车大都采用交流电机，包括感应电机、永磁电机、开关磁阻电机（图 1-1-2）。

(a) 感应电机　　(b) 永磁电机　　(c) 开关磁阻电机

图 1-1-2 交流电机

交流感应电机技术非常成熟。过去半个世纪，人们在感应电机驱动方面进行了大量的研究和开发工作。由于三相交流感应电机的转子上没有永磁体，也不需要换向器、电刷，使得感应电机具有结构简单、制造方便、成本低、可靠性高等优点，三相交流感应电机的控制也较为简单和成熟。三相交流感应电机可以仅用一个低成本的转速传感器，而不需要像正弦型交流永磁同步电机一样使用较贵的位置传感器，进一步显出了成本优势。相较于永磁电机，三相交流感应电机的高速反电动势低、空转损耗小，也是汽车需要的特性。感应电机在汽车应用中的主要缺点是功率因数滞后，定子中有无功励磁电流，因而功率低（特别是在恒转矩区）。在驱动汽车的多变工况下，感应异步电机的效率会明显低于交流永磁同步电机，低效率也使得电机冷却成为挑战。另外，感应电机的转矩密度一般也低于交流永磁同步电机，难以做到小体积、轻量化。因此，尽管感应电机被广泛地应用于工业拖动领域中，但在汽车驱动中却应用较少。

交流永磁电机是电机驱动技术的一个重要分支。交流永磁电机的转子上有永磁体，定子与感应电机相同。转子上的永磁体可以表面贴装，称为表贴式永磁电机；也可以插入转子内部，称为插入式永磁电机。永磁电机根据气隙磁场分布分为正弦波永磁电机和梯形波永磁电机，后者也被称作无刷直流电机。永磁电机的驱动器和感应电机控制相对简单，但成本也相对较高，而且对工作温度和负载条件有所要求。

开关磁阻电机也属于同步电机，它利用"磁阻最小原理"工作，即磁通是沿磁阻的最小路径闭合的。开关磁阻电机通过有序开关定子绕组的电流，在定子和转子极之间产生电磁力，即电磁转矩。开关磁阻电机的结构特别简单，其坚固、制造容易、转子无冷却要求、成本低，但它的转矩脉动、振动和噪声问题使其在电动汽车电驱动领域中的应用还比较少。

（二）电机驱动系统应用现状

电机驱动系统的应用现状可以从国内外两个方面加以阐述。

1. 国外电机驱动系统应用现状

国外起步比较早。就目前而言，欧美各国开发的电动客车多采用交流异步电机。为了降低车重，电机壳体大多采用铸铝材料，电机恒功率范围较宽，最高转速可达基速的 2～2.5 倍。日本近年来问世的电动汽车大多采用永磁同步电机，产品功率等级覆盖 3～123 kW，电机恒功率范围很宽，最高转速可达基速的 5 倍，在功率密度、产品集成度方面具有较大优势。

2. 国内电机驱动系统应用现状

我国起步虽然稍晚，但在科技部支持下，"八五""九五"期间，清华大学、中科院、哈尔滨工业大学、华中科技大学等高校、科研院所在电动汽车用电机驱动技术方面开展了开拓性的研究，经过几十年的努力探索，取得了很大成就，具体来讲有以下几方面。

（1）在交流异步电机驱动系统领域，我国已经建立了具有自主知识产权的异步电机驱动系统的开发平台。例如南车时代电动客车（图 1-1-3），它采用的便是交流异步电机驱动系统。

（2）开关磁阻电机驱动系统已经具备自主研发能力。例如使用开关磁阻调速电动机的东风混合动力大巴作为"奥运公交专线1路"实现24小时运营（图 1-1-4）。

图1-1-3　南车时代电动客车

图1-1-4　东风混合动力大巴

(3) 无刷直流电机驱动系统产品性能有了很大提高。例如大连恒田6104EV纯电动公交客车,采用体积小、效率高、起动过载转矩大的永磁无刷直流电机(图1-1-5)。

图1-1-5　大连恒田6104EV纯电动公交客车

(4) 永磁同步电机驱动系统已经形成了一定的研发和生产能力。例如长城汽车公司在第25届世界电动车大会暨展览会展出的哈弗M3纯电动车,它采用的就是永磁同步电机(图1-1-6)。

总体而言,目前我国已经基本掌握了车用电机及其控制系统的核心技术,但普遍应用的是永磁同步电机。

(三) 电机驱动系统技术发展趋势

应用在乘用车和商用车的新能源汽车电机驱动系统有其独特之处,电机驱动系统的发展有如下趋势。

图1-1-6　哈弗M3纯电动车

1. 电机驱动系统集成化

随着技术的发展和市场应用需求的变化,电机驱动系统主要部件,包括驱动电机、电机控制器和减速器总成的集成度越来越高,逐步形成集成度越来越高的电驱总成。如大陆、麦格纳和比亚迪等企业推出的电力电子与驱动电机总成、驱动电机与减速器总成、三合一电驱动总成(即由驱动电机、电机控制器和减速器总成集成在一起的动力总成)等,随着技术发展还会出现更高集成度的电驱系统。

2. 电机驱动系统高效化

电机驱动系统的效率取决于整个系统的输出功率和回收功率。整个系统的输出功率主要受驱动电机的性能影响，而回收功率受电机控制器的控制。目前，各企业逐步研究并开发新型驱动电机，在确保驱动电机向高性能和小尺寸发展的同时，不断提高驱动电机本身的功率密度。为使电动汽车的驱动电机更加小型化且具有更大的输出功率，国际上经过多年的实践，通过提高材料利用率、工况匹配效率等方式提高电机驱动系统的效率。另外，采用回馈高效的电机、适当的变速系统和控制策略，可以使回馈制动在允许范围内适应更多工况，让电机驱动系统更加高效，提高整车效率，延长车辆续驶里程。

3. 电机驱动系统数字化

高速高性能微处理器使得电机驱动控制系统进入全数字化时代。在高速高性能的数字控制芯片的基础上，高性能的控制算法、复杂的控制理论得以实现，大大提高了电机及其控制系统的性能。同时，面向用户的可视化编程，通过代码生成和下载直接进入微处理器，不断提高编程效率和可调试性。

4. 电机驱动系统部分组件非金属化

采用部分组件非金属化的方式，能够降低系统质量和成本。例如：采用耐磨非金属材料替代转动枢轴、支撑组件；或通过结构设计对电机极槽比、齿槽比与裂比进行多重优化，从而减少单台电机材料用量，此种方式多为日韩电机企业采用。

5. 电机电控一体化动力总成产品不断发展

"多合一"的电控产品逐步在电动汽车中投入应用，并取得了一定进展。随着微芯片在整车及总成控制器中的应用逐步广泛，单一控制器将逐步被多合一集成化的"控制器"所取代，电控系统的复杂程度迅速上升。电动汽车驱动电机及控制技术的集成度越来越高，未来可提供的电机电控一体化总成产品越来越多，这样有助于整车企业进一步降低车重和成本，获取更大的竞争力。

6. 产业集群发展趋势不断显现

国内已出现独立的新型汽车电机驱动系统供应商，支持电动汽车产业；国外已有包括 Arzue、Enova 在内的电气公司，汽车用电气自动化的新产业正在逐步形成。目前我国在电机（包括永磁材料）生产、成本控制等方面存在较大的优势，如果能够把握当前的产业发展机遇，有助于我国在世界市场上占据更大份额。

二、新能源汽车电机驱动系统要求

新能源汽车上驱动电机的运行与一般的工业电机不同，工况非常复杂，对电机驱动系统有很高的要求。

1. 起动力矩大和过载能力强

新能源汽车电机驱动系统不仅要满足汽车带负载频繁起步的要求,同时还要满足在加速和上坡时,有一定的短时过载能力的要求,其过载系数应为传统发动机的3～4倍。

2. 限制电机过大的峰值电流

在电驱系统工作过程中,为了避免因电流较大而产生热消耗电能,驱动电机的最大峰值电流要小于动力蓄电池的最大放电允许电流,以免因过热而损坏驱动电机。同时,普通电机起动电流较大,须设法改善电机的起动特性。

3. 调速范围宽

新能源汽车电机驱动系统没有配置多速比的变速器,一般为固定速比的减速装置,所以电机驱动系统速度的变化主要依靠驱动电机来实现。为确保新能源汽车在高、低速各工况均能高效运行,需要驱动电机有较宽的调速范围,并保持理想调速特性。驱动电机包括恒转矩区和恒功率区。在恒转矩区,要求低速运行时具有大转矩,以满足起步和爬坡的要求;在恒功率区,要求低转矩时具有较高速度,以满足汽车在平坦路面能够高速行驶的需求。通常驱动电机在额定功率及其转速附近运行效率较高,而远离额定区效率必降低。若驱动电机能实现多级额定转速,就可以简化机械传动而减少其摩擦损耗和车载质量。

4. 驱动电机能够正反转运行

新能源汽车电机驱动系统没有配备具有改变动力传递方向的变速器。为了使车辆能正常倒车行驶,电机驱动系统利用电机控制器改变送给驱动电机的电流方向实现倒车,这样汽车倒车时不必切换齿轮来实现倒挡。

5. 方便高效地实现电能回馈

新能源汽车电机驱动系统应能够在汽车减速或制动时实现再生制动,将能量回收并反馈回动力电池,提高新能源汽车的能量利用率,这是在内燃机汽车上所不能实现的。要做到这点,需要驱动电机具有可逆性,即一台电机既可以作为电动机运行(将电能转换为机械能),又可以作为发电机运行(将机械能转换为电能)。这样可以将更多动能转换为电能回馈给动力蓄电池来提高续驶里程(图1-1-7)。

图1-1-7 驱动电机的电动机与发电机作用

6. 调速响应快

新能源汽车电机驱动系统在工作过程中需要及时根据驾驶员操作信号做出响应,这就要提高电机控制器和驱动电机的动态响应性,从而改善行驶中各系统的工作性能。

7. 电机驱动系统运行有一定容错性

新能源汽车在行驶过程中实时监测车辆动力电池、驱动电机等高压器件的工作状态,若出现不属于危害人员安全的故障,车辆控制系统利用其故障容错性,使车辆能暂时处于"限功率运行状态",确保电动汽车在部分故障时仍能"跛行回家",以避免造成交通堵塞。

8. 电机驱动系统运行平稳且可靠性高

新能源汽车用驱动电机还应具有可靠性高、能够在恶劣环境下长期工作、结构简单、重量轻、运行噪声低、维修方便、价格便宜等特点。

9. 电机驱动系统的驱动电机同时具有电磁制动功能

因电磁制动的动态响应极快,驱动电机可及时准确地对前、后、左、右车轮制动力适宜分配,提高汽车安全性。

本任务介绍了电机驱动系统的发展与应用,以及新能源汽车电机驱动系统的要求。

现代电动汽车区别于传统燃油汽车的最大不同点,就是普遍采用了电机驱动系统,替代传统的内燃机驱动系统。随着技术的不断发展,现代电动汽车大都采用交流电机,包括感应电机、永磁电机、开关磁阻电机。

电机驱动系统技术发展趋势有:电机驱动系统集成化、电机驱动系统高效化、电机驱动系统数字化、部分组件非金属化、电机电控一体化动力总成产品不断发展、产业集群发展趋势不断显现。

新能源汽车对电机驱动系统有很高的要求:起动力矩大和过载能力强、限制电机过大的峰值电流、调速范围宽、驱动电机能够正反转运行、方便高效地实现发电回馈、调速响应快、运行有一定的容错性、运行平稳且可靠性高、同时具有电磁制动功能。

一、判断题

1. 直流电机的特性非常适合道路负载。　　　　　　　　　　　　　　　( )
2. 交流永磁电机定子上有永磁体。　　　　　　　　　　　　　　　　　( )
3. 我国已经建立了具有自主知识产权的异步电机驱动系统开发平台。　　( )
4. 内燃机汽车也可以实现能量回收。　　　　　　　　　　　　　　　　( )

5. 现代电动汽车区别于传统燃油汽车的最大不同点,就是普遍采用了电机驱动系统,替代了传统的内燃机驱动系统。   (   )

二、选择题

1. 开关磁阻电机利用什么原理工作?(   )【单选题】
   A. 磁阻最小原理　　　　　　　　B. 磁阻中间原理
   C. 磁阻最大原理　　　　　　　　D. 磁阻平衡原理
2. 感应电机的优点是(   )。【多选题】
   A. 结构简单　　　　　　　　　　B. 制造方便
   C. 成本低　　　　　　　　　　　D. 可靠性好
3. 目前车用电机驱动系统的发展趋势主要有(   )。【多选题】
   A. 一体化　　　　　　　　　　　B. 数字化
   C. 集成化　　　　　　　　　　　D. 永动化

三、简答题

1. 请讲述电机驱动系统技术发展趋势。
2. 请讲述新能源汽车电机驱动系统要求。

任务 2　电机驱动系统基本组成与原理

任务目标

1. 掌握电机驱动系统基本组成。
2. 掌握电机驱动系统基本工作原理。
3. 熟悉典型纯电动汽车电机驱动系统组成及控制特点。

任务导入

某职业院校新能源汽车技术专业学生，学习了纯电动汽车的组成，掌握了纯电动汽车包括动力电池系统、电机驱动系统、整车控制系统，以及底盘、车身和辅助电气等几大组成部分。现班级同学要开始深入学习电机驱动系统，老师提出两个问题：一是电机驱动系统由哪些部件组成？二是电机驱动系统的工作原理是什么？要求班级同学通过对电机驱动系统的学习，整理出电机驱动系统组成和工作原理的相关知识。

知识储备

纯电动汽车的电机驱动系统一般位于前机舱内，如图 1-2-1 所示，电机驱动系统完成车辆驱动的部件主要有产生驱动力的驱动电机、控制电机运行状态的电机控制器和进行动能传递的机械减速装置。

图 1-2-1　电机驱动系统位置图

电机驱动系统认知
（比亚迪秦 EV）

除此之外,还包括电机驱动冷却系统,如图 1-2-2 所示。它们通过高低压线束、冷却管路与整车其他系统连接运转。

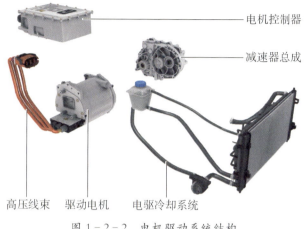

图 1-2-2　电机驱动系统结构

一、电机驱动系统基本组成

(一) 驱动电机

驱动电机是动力系统的执行元件,由定子、转子、转子位置传感器等部件组成。其作用是接收电机控制器对车辆运行状态的控制指令,将电源的电能转化为机械能,通过传动装置驱动车轮。在车辆驱动行驶时,驱动电机起到动力源的作用;在车辆减速或制动时,驱动电机起到发电机的作用。纯电动汽车的驱动电机一般位于前机舱内,如图 1-2-3 所示。

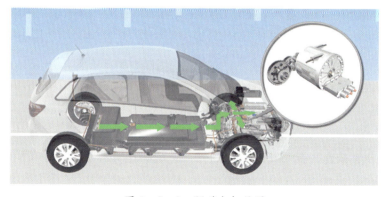

图 1-2-3　驱动电机位置

图 1-2-4 电机控制器

（二）电机控制器（MCU）

电机控制器（MCU）（图 1-2-4）是电机驱动系统的核心，主要由电子控制装置和功率转换装置组成。它是驱动电机的控制单元，能控制驱动电机的工作。电机控制器可以将动力电池包输入的高压直流电逆变成满足驱动电机需要的对应电压、电流、频率的三相交流电，供给驱动电机，从而控制驱动电机进行驱动、加速等工作；也可以将驱动电机发出的三相交流电整流成满足动力电池要求的高压直流电，给动力电池补充电能。

电机控制器依据整车控制单元传输的驾驶需求信息、驱动电机的速度和电流反馈信号，对驱动电机的速度、驱动转矩和旋转方向进行控制。当汽车倒车时，电机控制器输出相应电流和频率的三相交流电，输送给驱动电机，使驱动电机反转来驱动车轮反向行驶。当汽车处于降速和下坡滑行时，电机控制器使驱动电机运行于发电状态，驱动电机利用车辆惯性滑行发电，将电能通过电机控制器回馈给动力电池。

（三）机械减速装置

纯电动汽车的机械减速装置也称为减速器总成，它与驱动电机的输出端相连接，安装在驱动桥上，如图 1-2-5 所示。它可以将电机的输出减速增矩后传输给汽车的驱动轴，从而带动汽车车轮行驶。

纯电动汽车驱动电机可以直接带动负载起动并可以通过控制电路电流流向或者改变三相绕组中电流流动的顺序来改变电机转向实现倒挡，还可以通过改变三相绕组中通电的频率来改变电机转速。其具体功用主要体现在两方面：一是将驱动电机的输出转速降低、转矩升高，并传

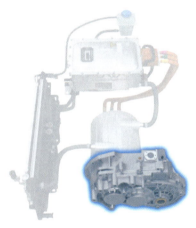

图 1-2-5 机械减速装置安装位置

递给汽车驱动轴，以实现整车对驱动系统的转矩、转速需求，最终带动车辆行驶；二是通过齿轮改变转矩的传递方向，通过差速器实现两侧车轮转速差，保证内、外侧车轮以不同转速滚动而非滑动。

纯电动汽车的机械减速装置可以没有离合器，大多采用具有固定传动比的二级减速器和差速器，这类机械减速装置与传统汽车的传动系统相比具有结构简单、体积小、占用空间少的特点。

（四）电机驱动冷却系统

驱动电机在运行过程中会产生热量而使其温度上升。当温度上升到一定程度时，驱动

电机的绝缘材料会发生本质的变化,最终使其失去绝缘能力,同时也会使驱动电机中的金属构件强度和硬度逐渐下降。而且,电机控制器在工作过程中也会产生大量的热能使其升温,如果温度过高会导致驱动电机控制器中的半导体结点烧坏、电路损坏,甚至元器件损坏,从而引起电机控制器失效。为了避免纯电动汽车驱动系统相关部件因过热而损坏,需要冷却系统对其工作温度进行控制(图1-2-6)。

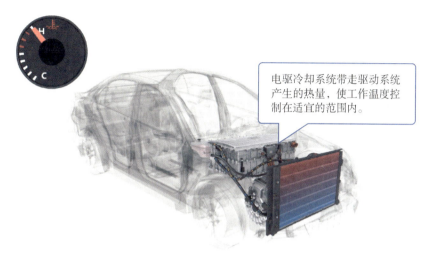

图1-2-6 驱动冷却系统功用

电驱动冷却系统可以带走电驱动系统中的驱动电机和驱动电机控制器在工作过程中产生的热量,将其工作温度控制在适宜的范围内,使其具有良好的工作性能。纯电动汽车的电机驱动系统一般采用两种方式散热:空气冷却和水冷却。纯电动汽车通常采用水冷却形式,如图1-2-7所示。

图1-2-7 电驱动水冷却系统

二、电机驱动系统工作原理

电机驱动系统工作原理如图1-2-8所示。在纯电动汽车电机驱动系统工作时,整车控制器接收到驾驶员操纵信号和动力电池状态信息等信号,通过分析确定驾驶员的操作意图,得出相应的控制指令发送给电机控制器,电机控制器控制驱动电机工作,从而使电动汽车按照驾驶员的意图行驶。

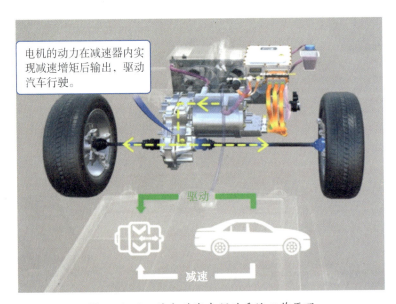

图1-2-8 纯电动汽车驱动系统工作原理

当汽车需要行驶时,电机驱动系统将动力电池输出的高压直流电转换为三相交流电送给驱动电机,驱动电机将电能转换为机械能送到驱动车轮,从而实现汽车行驶。当汽车减速制动或者空挡滑行时,车轮带着驱动电机以发电机形式转动,产生三相交流电,电机控制器将三相交流电转换为高压直流电充入动力电池,补充电能。

三、电机驱动系统类型

根据不同的分类标准,电机驱动系统可分为不同的类型。

(一)根据驱动电机数目分类

电机驱动系统根据驱动电机的数目不同,可以分为单电机驱动系统和多电机驱动系统,其中多电机驱动系统常见的有双电机驱动系统和三电机驱动系统,如图1-2-9所示。

1. 单电机驱动系统

单电机驱动系统由一套完整的电驱总成构成,整个电机驱动系统只有一个驱动电机,并

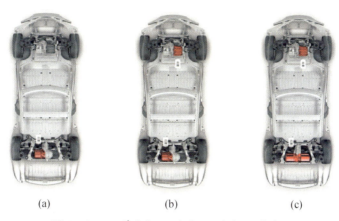

图 1-2-9 单电机、双电机、三电机驱动系统

对应一个电机控制器及一个减速器总成。根据车辆驱动形式的不同,分为前驱形式的单电机驱动系统和后驱形式的单电机驱动系统。如图 1-2-9(a)所示为后驱形式的单电机驱动系统,其驱动电机、电机控制器及减速器总成位于车辆后轴。单电机驱动系统只有一个动力传递路线,所以架构简单、便于维护,但单电机驱动系统的效率不是很高。

2. 多电机驱动系统

多电机驱动系统有双电机驱动系统和三电机驱动系统,这里主要介绍这两种电机驱动系统的组成及特点。

(1) 双电机驱动系统。双电机驱动系统由两套完整的电驱总成构成,整个电机驱动系统有两个驱动电机,每个驱动电机对应配置一个电机控制器和一个减速器总成。根据两个驱动电机的布置位置不同,可分为四驱形式的双电机驱动系统和两驱形式的双电机驱动系统。如图 1-2-9(b)所示为四驱形式的双电机驱动系统,两个驱动电机及对应电机控制器和减速器总成分别位于车辆前轴和后轴。双电机驱动系统有两套动力系统,所以有两个动力传递路线,其控制和架构相对复杂、维护麻烦,但双电机驱动系统效率比单电机驱动系统高。

(2) 三电机驱动系统。三电机驱动系统由三套完整的电驱总成构成,整个电机驱动系统有三个驱动电机,每个驱动电机对应配置一个电机控制器和一个减速器总成。三电机驱动系统用于四驱车辆,常见的三电机驱动系统,一套电机驱动系统位于前轴,两套电机驱动系统位于后轴,如图 1-2-9(c)所示。三电机驱动系统有三个动力传递路线,所以架构和控制复杂、维护困难,但三电机电驱系统的效率很高。

(二) 按照驱动系统布置形式不同

纯电动汽车电机驱动系统的关键机械部件是驱动电机和机械减速装置,两者的布置形式和位置关系不同,会形成不同类型的电机驱动系统。因此,按照驱动电机与机械减速装置布置形式和位置关系的不同,纯电动汽车的电机驱动系统可

驱动系统布置形式

分为集中式驱动系统和轮毂式驱动系统两种类型。

1. 集中式驱动系统

集中式驱动系统一般由电机、变速器和差速器等组成。它采用单电机驱动代替内燃机，保持传统内燃机汽车零部件及结构不变，故设计制造成本低，但动力传递路线相对较长，传动效率低。按照有无变速器，集中式驱动系统又可分为传统驱动模式和电机-驱动桥模式两种类型，如图 1-2-10 所示。

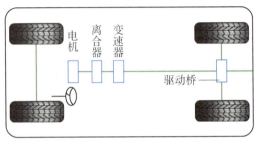
(a) 电机轴与驱动轴相互垂直

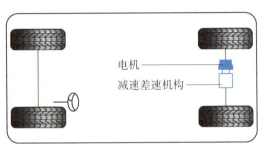
(b) 整体驱动桥式

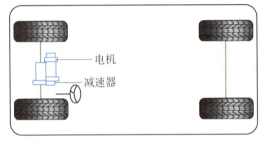
(c) 电机轴与驱动轴相互平行

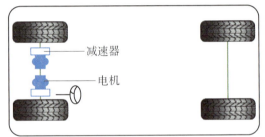
(d) 双电机整体驱动桥式

图 1-2-10　纯电动汽车驱动系统工作原理

（1）传统驱动模式。传统驱动模式如图 1-2-10(a)所示，与传统汽车驱动系统的布置方式一致，带有变速器和离合器，只是将内燃机换成电机。这种布置方式可以提高纯电动汽车的起动转矩，同时增加低速行驶时汽车的后备功率。该模式驱动系统所属汽车一般为改造型纯电动汽车，如力帆 100E 汽车。

（2）电机-驱动桥模式。按照电机与驱动桥组合形式的不同，电机-驱动桥模式又分为电机-驱动桥组合模式和电机-驱动桥整体模式两种。

① 电机-驱动桥组合驱动模式。电机-驱动桥组合驱动模式如图 1-2-10(b)和 1-2-10(c)所示，该模式取消了离合器和变速器，由 1 台电机驱动两车轮旋转。这种组合式驱动系统结构紧凑，安装、使用和维护都十分方便。北汽 EV160/200 就属于该种驱动模式的汽车。

② 电机-驱动桥整体驱动模式。电机驱动桥整体驱动模式如图 1-2-10(d)所示，是将电机装到驱动轴上，直接由电机实现变速和差速转换的。这种传动方式不仅要求电机具有

大的起动转矩和后备功率,还要求控制系统具备较高的控制精度和良好的可靠性,以保证纯电动汽车安全、平稳地行驶。

集中式驱动系统的布置形式多样,各有优劣,但目前在纯电动小型乘用车上的应用多为电机-驱动桥组合驱动模式中的"电机轴与驱动轴相互平行"的布置形式。使用该形式布局的车型有宝马i3、沃蓝达Volt、江淮和悦iEV、北汽EV、比亚迪EV300、比亚迪·唐、比亚迪E6、吉利帝豪等。

2. 轮毂式驱动系统

轮毂式驱动系统可以布置在纯电动汽车的两个前轮、两个后轮或四个车轮的轮毂中,实现前轮驱动、后轮驱动或四轮驱动。

轮毂式驱动系统有内定子外转子结构和内转子外定子结构两种结构类型,如图1-2-11所示。

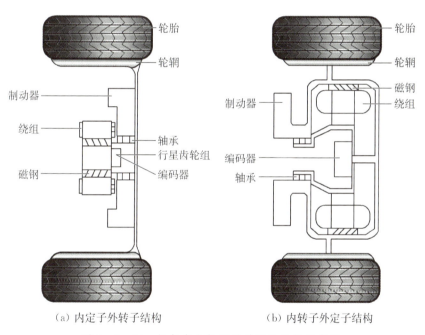

(a) 内定子外转子结构　　　(b) 内转子外定子结构

图1-2-11　轮毂式电机驱动系统的结构示意图

(1) 内定子外转子结构。其外转子直接安装在车轮的轮缘上,这种结构没有机械减速机构提供减速,通常要求电机为低速转矩电动机,如图1-2-11(a)所示。

(2) 内转子外定子结构。其转子作为输出轴与拥有固定减速比的行星齿轮变速器的太阳轮相连,而车轮轮毂与齿圈连接,这样可以提供较大的减速比,放大输出转矩,如图1-2-11(b)所示。

轮毂电机如图1-2-12所示。当采用轮毂电机驱动时,由于可以对每台电机的转速进行单独调节控制,因此可以省去机械差速器,实现电子差速,以提高汽车在转弯时的操

作性。同时,纯电动汽车上驱动电机输出的转矩传输到驱动车轮的传递路径也将大大缩短,这样可腾出足够的优化空间。当采用内定子外转子结构时,还能够提高对车轮动态响应的控制性能。

轮毂式驱动系统主要应用于微型、小型或大型纯电动汽车上,如奇瑞瑞麒X1-EV、福特F150、比亚迪纯电动大巴K9等。

图1-2-12 轮毂电机实物图

四、典型纯电动汽车电机驱动系统组成及控制特点

前文在"电机驱动系统类型"中提到,按照驱动电机数量的不同分类,可以分为单电机、双电机、三电机驱动系统,如图1-2-9所示。这里我们对单电机、双电机、三电机驱动系统的组成及控制特点分别加以说明。

(一)单电机驱动系统组成及控制特点

单电机驱动系统只有一套电驱动总成,这里主要介绍单电机驱动系统组成及特点。

1. 单电机驱动系统组成及分布特点

单电机驱动系统由一套完整的电驱动总成构成。整个电驱动总成主要包括一个驱动电机、一个电机控制器和一个减速器,并配以电驱冷却系统和高低压连接线路等部件,以确保电驱系统正常工作,如图1-2-13所示。

电机驱动系统组成(北汽EV160)

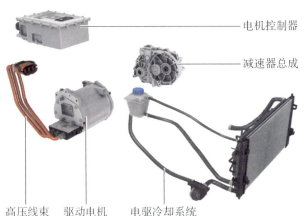

图1-2-13 单电机驱动系统组成(北汽EV160/200)

单电机驱动系统的一套电驱动总成的核心部件包括驱动电机、电机控制器和减速器总成,一般是独立分布在相应位置的,如北汽EV160/200的驱动电机、电机控制器和减速器总成都分布在前机舱内,如图1-2-14所示。

但是有些单电机驱动系统的电驱动总成的核心部件是集成在一起的,构成三合一的电驱动桥总成,如图 1-2-15 所示。

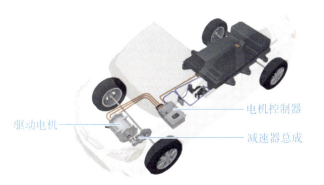

图 1-2-14　电驱动总成核心部件布局图(北汽 EV160/200)　　图 1-2-15　三合一电驱动桥总成

2. 单电机驱动系统控制特点

单电机驱动系统只有一套电驱动总成,在纯电动汽车中,它是车辆驱动的唯一动力源。在汽车工作时,电机控制器根据传递过来的驾驶员操作信号、驱动电机状态信号以及车辆运行状态信号控制驱动电机转速、转矩和转向,使驱动电机工作,并通过减速器总成将动力传递给车轮,驱动车辆按照驾驶员的操作意图行驶。

(二) 双电机驱动系统组成及控制特点

双电机驱动系统有两套电驱动总成,这里主要介绍双电机驱动系统组成及特点。

1. 双电机驱动系统组成及布局特点

双电机驱动系统由两套完整的电驱动总成构成,每套电驱动总成都主要由一个驱动电机、一个电机控制器和一个减速器构成,并配以电驱动冷却系统和高低压连接线路等部件。常见的双电机驱动系统一般是分布布置的,它的两套电驱动总成分别安装在前桥和后桥的中部,分别用来驱动前轮和后轮,如图 1-2-16 所示。

图 1-2-16　双电机驱动系统分布位置(Model S 集中式双电机驱动系统)

但是,有些双电机驱动系统的两套电驱动总成,都集中布置在驱动桥上,如图1-2-17所示。在车辆驱动轮的两端各有一套电驱动总成,在车辆工作时根据驾驶员操作需求,分别驱动车辆两侧的驱动轮,驱动车辆行驶。

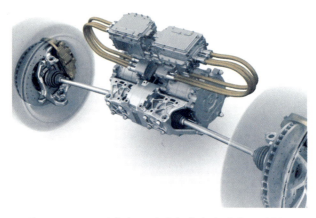

图1-2-17 两套电驱动总成集中布置在驱动桥上

2. 双电机驱动系统控制特点

双电机驱动纯电动汽车是由各含一台电机的两组电机驱动系统组成的,并通过运动合成器(即动力合成控制装置)将两者有机合成起来。这种纯电动汽车的两组电机根据控制逻辑承担汽车低速运转和高速运转的工作。一般,当车辆低速驱动或运转时,车辆前部电机驱动系统或后部电机驱动系统工作;当车辆高速运转时,车辆前部电机驱动系统和后部电机驱动系统同时工作,这样使汽车具有低速爬坡和高速续驶的性能,并在整个运行过程中实现自动变速,从根本上改变了纯电动车的机动性能,同时也尽可能多地提升了其续驶里程。

(三)三电机驱动系统组成及控制特点

三电机驱动系统有三套电驱动总成,这里主要介绍三电机驱动系统组成及特点。

1. 三电机驱动系统组成及布局特点

三电机驱动系统一般应用于四驱的车辆,它由三套完整的电驱动总成构成,每套电驱动总成都主要由一个驱动电机、一个电机控制器和一个减速器构成,并配以电驱动冷却系统和高低压连接线路等部件。常见的三电机驱动系统,一套电机驱动系统位于前轴,两套电机驱动系统位于后轴,如图1-2-18所示,分别用于驱动前轮和后轮。

2. 三电机驱动系统控制特点

搭载三电机驱动系统的纯电动汽车,一般应用于四轮驱动的车辆。这种电机驱动系统,在正常行驶模式下仅控制位于后轴的两套电机驱动系统工作,前桥电机驱动系统在两种条件下工作:一种是当车辆需要更强劲的动力时,控制位于前轴的一套电机驱动系统自动开

图 1-2-18 三电机驱动系统分布位置(全新奥迪 e-tron S 系列三电机驱动系统)

启,可实现动力的无感接入;另一种是当车辆抓地力下降或快速转弯摩擦力低时,也会控制前轴的电机驱动系统预先开启,从而提高车辆的操作稳定性。图 1-2-19 所示为全新奥迪 e-tron S 系列车型。

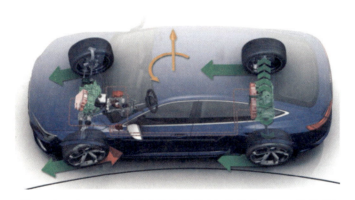

图 1-2-19 三电机驱动系统控制(全新奥迪 e-tron S 系列)

本任务介绍了电机驱动系统基本组成及其工作原理、电机驱动系统类型,以及典型纯电动汽车电机驱动系统组成及控制特点。

电机驱动系统由驱动电机、电机控制器(MCU)、机械减速装置和电机驱动冷却系统组成。

驱动电机的作用是将电源的电能转化为机械能,通过传动装置驱动或直接驱动车轮。在车辆驱动行驶时,驱动电机起到电动机的作用;在车辆减速或制动时,驱动电机起到发电机的作用。电机控制器(MCU)是电机驱动系统的核心,功能是对驱动电机的速度、驱动转矩和旋转方向进行控制。机械减速装置主要由主减速器和差速器总成组成。其功用体现在:

①将驱动电机的输出转速降低、转矩升高,并传递给汽车驱动轴,最终带动车辆行驶;②通过齿轮改变转矩的传递方向,通过差速器实现两侧车轮转速差,保证内、外侧车轮以不同转速滚动而非滑动。电机驱动冷却系统的作用是带走驱动电机和驱动电机控制器在工作过程中产生的热量,将其工作温度控制在适宜的范围内。

电机驱动系统工作原理:在纯电动汽车电机驱动系统工作时,将相应的控制指令发送给电机控制器,电机控制器控制驱动电机工作,使电动汽车按照驾驶员的意图行驶;当纯电动汽车需要行驶时,驱动电机将电能转换为机械能输送到驱动车轮,从而实现汽车行驶;当汽车减速制动或者空挡滑行时,车轮带着驱动电机反转产生三相交流电,电机控制器将三相交流电转换为高压直流电充入动力电池,补充电能。

根据不同的分类标准,电机驱动系统可分为不同的类型。根据驱动电机的数目不同,可以分为单电机驱动系统和多电机驱动系统,其中多电机驱动系统常见的有双电机驱动系统和三电机驱动系统;按照驱动电机与机械减速装置布置形式和位置关系的不同,纯电动汽车的电机驱动系统可分为集中式驱动系统和轮毂式驱动系统两种类型。

单电机驱动系统只有一套电驱动总成,在纯电动汽车中,它是车辆驱动的唯一动力源;双电机驱动纯电动汽车是由各含一台电机的两组电机驱动系统组成的,并通过运动合成器(即动力合成控制装置)将两者有机合成起来;搭载三电机驱动系统的纯电动汽车,一般应用于四轮驱动的车辆,这种电机驱动系统在正常行驶模式下仅控制位于后轴的两套电机驱动系统工作。

一、判断题

1. 电机控制器(MCU)是动力系统的执行元件。   (   )
2. 纯电动汽车的机械减速装置不能没有离合器。   (   )
3. 三电机驱动虽然效率很高,但系统架构和控制复杂、维护困难。   (   )
4. 双电机驱动系统由两套完整的电驱总成构成,每套电驱动总成都主要由一个驱动电机和一个减速器构成,被同一个电机控制器控制。   (   )

二、选择题

1. 电机驱动系统基本组成包括(   )。【多选题】

   A. 驱动电机   B. 电机控制器(MCU)
   C. 机械减速装置   D. 电机驱动冷却系统

2. 驱动电机是动力系统的执行元件,主要由哪些部件组成?(   )【多选题】

A. 定子　　　　　　　　　　　　B. 转子
C. 转子位置传感器　　　　　　　D. 定子位置传感器

3. 集中式驱动系统一般由哪些部件组成？（　　）【多选题】

A. 电机　　　　　　　　　　　　B. 变速器
C. 差速器　　　　　　　　　　　D. 互锁管理功能

4. 轮毂驱动系统有哪两种结构类型？（　　）【多选题】

A. 内定子外转子结构　　　　　　B. 双定子结构
C. 内转子外定子结构　　　　　　D. 双转子结构

三、简答题

1. 请讲述电机驱动系统工作原理。
2. 请讲述单电机驱动系统组成及控制特点。

项目二 驱动电机结构原理与检修

项目概述

　　驱动电机是新能源汽车的三大核心部件之一。相比传统工业电机,新能源汽车驱动电机有更高的技术要求。和普通工业电机一样,新能源汽车驱动电机主要由定子、转子、机械结构三大部分组成。由于安装空间狭小、工作环境恶劣,并且具有振动大、冲击大、腐蚀严重、高温高湿等特殊原因,新能源汽车驱动电机需要具有高密度、体积小、高功率、高转矩、高可靠性、耐久性和成本低等特点。

　　通过本项目的学习,应能够认识驱动电机的结构与原理及驱动电机的类型,并对驱动电机的组成和原理有基本概念,能够具备一定的检修能力。

任务 1　驱动电机基本认知

任务目标

1. 熟悉驱动电机类型。
2. 掌握驱动电机性能要求。
3. 了解驱动电机应用状况。

任务导入

某职业院校新能源汽车技术专业学生,学习了电机驱动系统的组成,掌握了驱动电机是电机驱动系统的核心。课间,同学们讨论"哪种电机更适合应用于电动汽车"。一部分同学认为永磁同步电机功率密度高、调速范围宽、占用空间小、输出转矩大,所以非常适合电动汽车使用;另一部分同学认为交流异步电机结构简单、运行可靠性强、转速高、维护成本低,所以比较适合电动汽车使用。请学习驱动电机的基本知识,掌握不同类型驱动电机的性能特点。

知识储备

新能源汽车的电机有两种形式,一种是以驱动为主的驱动电机,另一种是以起动和发电为主的电动发电机。驱动电机是将电能转换成机械能为车辆行驶提供驱动力,或将机械能转化成电能的装置,它具有能做相对运动的部件,是一种依靠电磁感应而运行的电气装置,这种电机主要应用于纯电动汽车。电动发电机,通常被称为电机,它既可以作为电动机工作(由新能源汽车的动力电池组提供电能),也可以作为发电机工作(产生电流,为汽车的电池组充电),这种电机主要应用于混合动力汽车。

应用于新能源汽车的电机的种类有很多,但是绝大多数混合动力汽车和纯电动汽车使用的是效率高达98%的永磁电机,有些混合动力汽车和纯电动汽车也使用感应电机。本任务主要介绍纯电动汽车使用的驱动电机。

电机分类认知
——按电源类型分

一、驱动电机位置

驱动电机作为电机驱动系统的核心部件之一,是纯电动汽车的动力源,能产生驱动力带动车辆行驶。纯电动汽车驱动电机的位置不是固定的,根据电机驱动系统结构形式不同,驱动电机位于汽车的不同位置。

(一)前驱形式电机驱动系统驱动电机位置

在前驱形式的电机驱动系统中,驱动电机、减速器总成及电机控制器集中布置在前机舱内,位于前驱动桥附近,如图2-1-1所示。

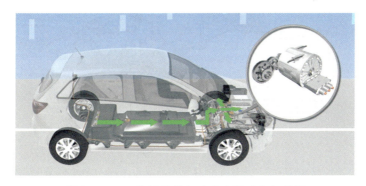

图2-1-1 前驱形式电动汽车驱动电机位置

(二)后驱形式电机驱动系统驱动电机位置

后驱动形式的电机驱动系统有多种,这里主要介绍电机-驱动桥后驱动布置形式、轮边电机后驱动布置形式和轮毂电机后驱动布置形式中驱动电机的位置。

1. 电机-驱动桥后驱动布置形式

在电机-驱动桥后驱动布置形式中,驱动电机、减速器总成及电机控制器集中布置在后驱动轴上,如图2-1-2所示。

图2-1-2 后驱形式电动汽车驱动电机位置

2. 轮边电机后驱动布置形式

轮边电机后驱动布置形式采用刚性连接,以此减少高压电器数量和动力传输线路长度;优化后的驱动系统可降低车身高度、提高承载量、提升有效空间。一般情况下,这种形式的轮边电机和轮边减速器固定于车架或与悬架集成。其中轮边电机与减速器集成后融入驱动桥上,如图 2-1-3 所示。轮边电机后驱动布置形式的电驱系统可用于电动客车。

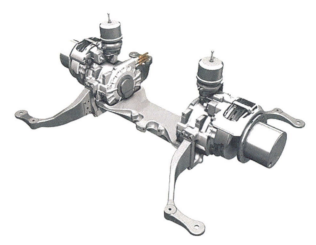

图 2-1-3 轮边电机后驱动布置形式驱动电机位置

3. 轮毂电机后驱动布置形式

轮毂电机后驱动布置形式的轮毂电机直接安装在车轮上,如图 2-1-4 所示。此时,轮毂是电机的转子,羊角轴承座是定子。采用轮毂电机后驱动的纯电动汽车,大大减少了零部件数量和动力系统的体积,让车辆的动力系统变得更加简单,提高了车内空间的实用性和利用率。同时,独立的轮毂电机在驱动车辆方面灵活性更高,能够实现传统车辆难以实现的功

图 2-1-4 轮毂电机后驱动的纯电动汽车

能和驾驶特性。

(三) 四驱形式电机驱动系统驱动电机位置

四驱形式电机驱动系统主要有双电机驱动系统、三电机驱动系统。

1. 双电机驱动系统驱动电机位置

双电机驱动系统有两套完整的电机驱动系统,且这两套电机驱动系统是分布布置的。一般情况下,两套电机驱动系统分别布置在前桥和后桥的中部,分别用来驱动前轮和后轮,如图2-1-5所示。

图2-1-5 双电机驱动系统分布位置(Model S集中式双电机驱动系统)

有些双电机驱动系统的电驱动系统,集中布置在前驱动桥或后驱动桥上,靠近驱动轮的内侧,如图2-1-6所示。在车辆工作时根据驾驶员操作需求,分别驱动车辆两侧的驱动轮,驱动车辆行驶。

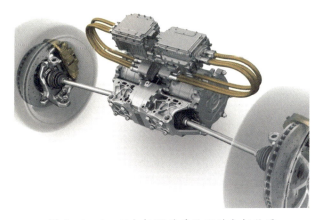

图2-1-6 双电机驱动系统驱动电机位置

2. 三电机驱动系统驱动电机位置

三电机驱动系统一般应用于四驱的车辆,它由三套完整的电驱动总成构成。常见的三电机驱动系统,一套电机驱动系统位于前轴,两套电机驱动系统位于后轴,分别用于驱动前轮和后轮,如图2-1-7所示。

图2-1-7 三电机驱动系统驱动电机位置

二、驱动电机类型

电机在工业中的应用非常广泛,功率覆盖范围宽,种类也很多。但应用于新能源汽车的驱动电机在功率、转矩、体积、质量、散热等方面的要求更高。相比工业电机,新能源汽车驱动电机必须具备更优良的性能,如:体积小,可适应车辆有限的内部空间;工作温度范围宽(-40~105℃),可适应不稳定的工作环境;高可靠性,可保证车辆和乘员的安全;高功率密度,可提供良好的加速性能(1.0~1.5 kW/kg)等。

驱动电机的种类相对较少,功率覆盖也相对较窄,产品相对集中。目前,应用于新能源汽车的驱动电机主要包括直流电机、交流电机和开关磁阻电机三类,其中在目前乘用车、商用车领域应用较为广泛的电机包括直流电机、交流异步(感应)电机、永磁同步电机、开关磁阻电机,如图2-1-8所示。其他特殊类型的驱动电机包括轮毂/轮边电机、混合励磁电机、多相电机等,目前市场化应用较少,是否能够大规模推广需要更长时间的车型验证。

(a) 直流电机

(b) 交流异步(感应)电机

(c)永磁同步电机　　　　　　(d)开关磁阻电机

图 2-1-8　驱动电机类型

1. 直流电机

1831年,亨利制造出首台直流电机,在早期电动汽车制造中被采用。良好的起动和控制特性是直流电机的典型特征。转子转速直接取决于电源电压的范围,因此极易调节。

直流电机主要由永磁组成的定子、电磁线圈组成的转子组成,分为有刷直流电机和无刷直流电机。因转子磁场与定子磁场对齐后将不再旋转,为使电机转子一直旋转,有刷直流电机和无刷直流电机分别通过电刷和换向器改变转子内磁场的极性,进而使磁场反向。所以有刷直流电机的缺点是需要独立的电刷,导致电机速度提升受限;且电刷易损耗,维护成本高。目前新研制的纯电动汽车基本不使用有刷直流电机。

无刷直流电机保留了有刷直流电机优良的调速性能,且体积小、质量小、起动力矩大、再生制动效果好,是理想的调速电机之一,广泛应用于高尔夫球车、观光游览车、巡逻车、送餐车、特种车、牵引车、叉车等。

2. 交流异步(感应)电机

1889年,德国AEG公司制造出首台交流三相异步电机。20世纪80年代,微电子控制技术的完善使得交流电机得到推广。

由定子绕组形成的旋转磁场与转子绕组中感应电流的磁场相互作用而产生电磁转矩驱动转子旋转的交流电机是感应电机,也称为交流异步电机。大多数的感应电机使用笼型转子。这种转子通常由铜棒或者铝棒制成。转子没有磁体,也不使用电刷或者滑环将电流从外部源传输至转子。工作时,定子绕组产生旋转磁场,使转子导体产生感应电流,感应电流使导体本身产生感应电磁场。为此,定子磁场必须比转子运行得更快,感应电机定子磁场和转子磁场并不相互同步。

感应电机的优点在于结构简单,定子和转子无直接接触,运行可靠性高,转速高,维护成本低。但它的能耗高,转子发热快,高速工况下需要额外冷却系统,且功率因数低,需要大容量的变频器,造价较高,调速性较差。所以,目前交流异步电机主要用于空间要求较低且速度性能要求不高的电动客车、物流车等商用车型。

认识交流异步电机

认识永磁同步电机

3. 永磁同步电机

随着 1980 年钕铁硼永磁材料的出现以及电力电子技术的发展，永磁电机在工业、民用领域得到推广。永磁同步电机（正弦波）的转子由永磁材料制成，定子采用三相绕组，输入调制方波产生旋转磁场带动永磁转子转动。

所谓永磁，指的是在制造电机转子时加入永磁体，使电机的性能得到进一步的提升。而所谓同步，则指的是转子的转速与定子绕组的电流频率始终保持一致。当电动汽车的变频器在汽车的定子绕组中产生电流使电机运行时，电流会在定子绕组中产生电磁场。每个绕组磁场的极性（朝内面向电机转子），取决于绕组的绕向。在星形接法的定子绕组里，每个相位的线圈互相交替缠绕：一组顺时针方向，下一组逆时针方向，再顺时针方向，以此类推。因此，通过定子绕组的电流将会产生交替的电磁场并与转子磁场相吸。这些磁场从定子延伸至转子，随着定子磁场旋转，向转子施加转矩。在电机工作时，定子磁场的旋转由交流电引起，转子的转速与定子磁场的转速相同，因而这两个组件被认为是同步的。整个工作过程中，通过控制电机的定子绕组输入电流频率，电动汽车的车速将最终被控制。

永磁同步电机的优点在于其较大的转矩和驱动效率，具有高功率密度和宽调速范围，且没有励磁损耗和散热问题，电机结构简单，体积比同功率的异步电机小 15% 以上；其缺点在于高速运行时控制复杂，永磁体退磁问题目前难以解决，电机造价较高。当前，永磁同步电机主要应用于体积小，且速度、操控性能要求较高的电动乘用车领域，部分中小型客车亦开始尝试使用永磁电机作为驱动源。

4. 开关磁阻电机

1983 年，英国 TACS Drives 公司首次将开关磁阻电机推向市场。2012 年，菲亚特 500 型电动车采用了这一技术。开关磁阻电机是一种新型调速电机，调速系统兼具直流、交流两类调速系统的优点，是继变频调速系统、无刷直流电机调速系统后的最新一代无极调速系统。

开关磁阻电机的定子和转子铁心均由硅钢片叠压而成，其利用冲片上的齿槽构成双凸极结构，定子产生扭曲磁场，利用"磁阻最小原理"驱动转子运动。开关磁阻电机结构简单、转矩大、可靠性高、成本低、起动制动性能好、运行效率高，但电机噪声高、转矩脉动严重、非线性严重，用于电动汽车驱动有利有弊，目前在电动汽车中应用较少。

目前，新能源汽车所使用的电机以交流感应电机和永磁同步电机为主。其中，日韩车系多采用转速区间和效率相对都较高的永磁电机；欧美车系则多采用交流感应电机，主要采用转速区间小、效率低的交流异步电机，但其需要配置性能更高的调速器以匹配电机性能。特斯拉公司在其本代车型 Model S 和 Model X 上采用的均是自行设计的交流感应电机。我国电动乘用车多采用功率性能高、体积较小的永磁同步电机。

三、驱动电机性能要求

新能源汽车上驱动电机的运行与一般的工业应用不同,工况非常复杂,对驱动电机有很高的要求。

1. 高电压

主要优点是可以减小电机的尺寸、降低逆变器的成本以及提高能量转换效率等。提高电机电压的典型例子是丰田公司的 THS-II 混合动力系统。该系统电机采用的电压由 THS 系统的 201.6 V 提升至 650 V,在电机尺寸和质量变化不大的前提下,使电机的功率、转矩和转速范围扩大。

驱动电机性能参数认知

2. 高转速

在产品技术文件规定的负载下,电机应能达到产品技术文件规定的最高工作转速限值。现代电动汽车的电机转速可达 8 000~12 000 r/min,甚至更高。

3. 要求转矩密度和功率密度大、质量小、体积小

转矩密度、功率密度分别是指最大转矩体积比和最大功率体积比。采用铝合金外壳可以减小电机的质量,各种控制装置和冷却系统的材料也应尽可能选用轻质材料。

4. 具有较大的起动转矩和较宽范围的调速性能

为满足起动、加速、行驶、减速、制动等所需的功率与转矩,应具有较大的起动转矩和较宽范围的调速性能;应具有自动调速功能,减轻操纵强度,提高舒适性,达到内燃机汽车同样的控制响应;电机的转矩特性是小于基速时为恒转矩,随着车速(电机转速)的升高转矩逐渐降低。

5. 较大的过载能力

电动汽车的驱动电机一般需要有 4~5 倍的过载能力,以满足短时加速行驶与最大爬坡度的要求。而工业驱动电机只要求有 2 倍的过载能力。

6. 高效率

在额定电压下,电机、控制器、电机系统的最高效率应符合产品技术文件规定。在额定电压下,电机、电机系统的高效工作区(效率不低于 80%)占总工作区的百分比应符合产品技术文件规定。

7. 可兼作发电机使用

新能源汽车用驱动电机应能够在汽车减速时实现再生制动,将能量回收并反馈回动力电池,提高新能源汽车的能量利用率。这是在内燃机汽车上所不能实现的。这就需要电机具有可逆性,即一台电机既可以作为电动机运行(将电能转换为机械能),也可以作为发电机

运行(将机械能转换为电能),如图 2-1-9 所示。

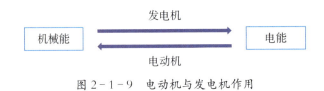

图 2-1-9 电动机与发电机作用

四、驱动电机应用状况

(一) 国外驱动电机在新能源汽车上的应用

从全球范围看,有刷直流电机、一般同步电机、感应电机与有刷磁铁电机的商品化历史最长,产品更新换代快,迄今还在应用。20 世纪 80 年代开始进入商品化的外置永磁同步电机与 20 世纪 90 年代以来研制开发的开关磁阻电机、内置式永磁同步电机以及最新的同步磁阻电机相继进入市场,并在电动汽车与混合动力汽车上获得应用。

近些年来,欧美各车企研发的电动汽车多采用交流感应电机。其主要优点是价格较低、性能可靠,缺点是起动转矩小。日本近年来问世的电动汽车与新型混合动力车大多采用永磁电机。其主要优点是效率比交流感应电机高,但价格较贵。永磁材料耐热温度低于 120℃,而开关磁阻电机(Switched Reluctance Motor,SRM)结构新型、简单、起动性能好,无大的冲击电流,但噪声大。

(二) 国内驱动电机在新能源汽车上的应用

在新能源汽车需求的驱动电机产品上,我国拥有一大批电驱动系统的相关知识产权,形成了具有核心竞争能力的车用电驱动系统的批量生产能力。目前,我国自主开发的永磁同步电机、交流异步电机和开关磁阻电机已经能够与国内整车产业化技术配套。电机功率密度超过 1.3 kW/kg,电驱动系统最高效率达到 93% 以上,系列化产品的功率范围覆盖了 200 kW 以下新能源汽车用电机动力需求,各类驱动电机的核心指标均达到相同功率等级的国际先进水平。我国常见厂家驱动电机性能参数见表 2-1-1。

表 2-1-1 常见厂家驱动电机性能参数

公司	额定				峰值				外形尺寸	
	功率/kW	转矩/N·m	电压/V	转速/(r/min)	功率/kW	转矩/N·m	电压/V	转速/(r/min)	直径/mm	尺寸/mm
大洋	20	/	/	3 000	45	128	/	9 000	230	275
惠斯通	21	100	72	2 000	52	200	/	2 400	/	/

续　表

公司	额定				峰值				外形尺寸	
	功率/kW	转矩/N·m	电压/V	转速/(r/min)	功率/kW	转矩/N·m	电压/V	转速/(r/min)	直径/mm	尺寸/mm
安徽巨一	25	58	220	3 000	50	215	380	7 200	/	/
精进电机	40	72	330	5 300	90	165	420	14 000	186	240
上海大郡	45	150	75	2 850	90	360	195	8 000	/	/

我国电动客车以交流异步驱动电机和开关磁阻电机为主,大功率电机的可靠性有明显改进,已初步具备产业化条件。交流异步驱动电机已建立了具有自主知识产权的开发平台,形成了小批量生产的开发、制造、试验及服务体系;产品性能基本满足整车需求,大功率异步驱动电机已广泛应用于各类电动客车,通过示范运行和市场化应用,产品可靠性得到了验证。

开关磁阻驱动电机已形成自主设计和研发的能力,通过合理设计电机结构、改进控制技术,产品性能基本满足整车需求;部分公司已具备年产万套级的生产能力,能满足中小批量配套需求,目前部分产品已配套整车示范运行,市场反馈效果良好。

任务小结

本任务主要介绍了驱动电机位置、类型、性能要求以及应用状况。

驱动电机作为电机驱动系统的核心部件之一,是纯电动汽车的动力源,能产生驱动力带动车辆行驶。纯电动汽车驱动电机的位置不是固定的,根据电机驱动系统结构形式不同,驱动电机位于汽车的不同位置,有前驱形式、后驱形式、四驱形式。

目前,应用于新能源汽车的驱动电机主要包括直流电机、交流电机和开关磁阻电机三类,其中在目前乘用车、商用车领域应用较为广泛的电机包括直流电机、交流异步(感应)电机、永磁同步电机、开关磁阻电机。

新能源汽车上驱动电机的运行与一般的工业应用不同,工况非常复杂,对驱动电机有很高的要求,需要其满足高电压、高转速、转矩密度和功率密度大、质量小、体积小、具有较大的起动转矩和较宽范围的调速性能、较大的过载能力、高效率、可兼作发电机使用等要求。

从全球范围看,20 世纪 80 年代开始进入商品化的外置永磁同步电机与 20 世纪 90 年代以来研制开发的开关磁阻电机、内置式永磁同步电机以及最新的同步磁阻电机相继进入市场,并在电动汽车与混合动力汽车上获得应用。与此同时,在新能源汽车需求的驱动电机产品上,我国拥有一大批电驱动系统的相关知识产权,形成了具有核心竞争能力的车用电驱动系统的批量生产能力。

任务练习

一、判断题

1. 在纯电动汽车中,电机是唯一的动力单元。(   )
2. 纯电动汽车应用的驱动电机可分为直流电机和永磁同步电机两大类。(   )
3. 永磁同步电机通过控制电机的定子绕组输入电流频率,电动汽车的车速将最终被控制。(   )
4. 我国电动客车以交流异步驱动电机和开关磁阻电机为主。(   )

二、选择题

1. 长城汽车的电动车产品哈弗 M3 纯电动汽车采用的是(   )。【单选题】
   A. 直流电机   B. 交流感应电机
   C. 永磁同步电机   D. 开关磁阻电机
2. 在当今时代,应用于电动汽车的驱动电机,常见的主要有(   )。【多选题】
   A. 直流电机   B. 交流感应电机
   C. 永磁同步电机   D. 开关磁阻电机
3. 新能源汽车用驱动电机应具有宽广的调速范围,包括(   )。【多选题】
   A. 恒转矩区   B. 恒电流区   C. 恒功率区   D. 恒电压区
4. 交流感应电机主要优点是(   )。【多选题】
   A. 价格较低   B. 性能可靠   C. 节省电量   D. 起动转矩小

三、简答题

1. 请讲述驱动电机性能要求。
2. 请讲述欧美国家驱动电机应用状况。

任务 2　常见电机基本组成与原理

任务目标

1. 掌握永磁同步电机的基本组成与工作原理。
2. 掌握交流异步电机的基本组成与工作原理。
3. 了解直流电机和开关磁阻电机的基本组成与工作原理。
4. 掌握几种电机特点对比。
5. 掌握永磁同步电机的拆装与静态检测。
6. 掌握交流异步电机的拆装与静态检测。

任务导入

某职业院校新能源汽车技术专业学生，通过驱动电机基本知识的学习，了解到应用于新能源汽车的驱动电机有多种类型，目前乘用车、商用车领域应用较为广泛的电机有直流电机、交流异步电机、永磁同步电机和开关磁阻电机。现班级同学要开始学习这几种电机的基本组成与基本原理，老师提出两个问题：一是各种类型电机的基本组成是否相同？二是各种类型电机基本原理是否相同？要求班级同学通过常见电机基本组成与原理的学习，整理出几种电机基本组成和原理的相关知识。

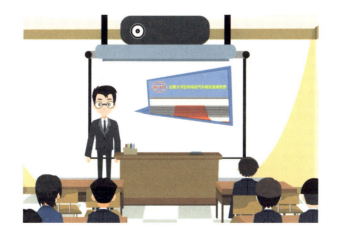

新能源汽车,同步还是异步?

目前,直流电机、交流异步电机、永磁同步电机以及开关磁阻电机等在电动汽车上有不同程度的应用。永磁同步电机和交流异步电机是目前电动汽车应用最广泛的电机,如图2-2-1和图2-2-2所示。本任务将围绕上述四种电机的结构与原理,以及它们的优缺点进行详细介绍。

图2-2-1 永磁同步电机

图2-2-2 交流异步电机

一、永磁同步电机基本组成与原理

(一)永磁同步电机结构

永磁同步电机由定子和转子两大部分构成,此外还有机座、壳体和转轴等,如图2-2-3所示。与其他电机相比,永磁同步电机还必须装有转子位置传感器,用来检测转子磁极位置,并以此对电枢电流进行控制,达到对永磁同步电机驱动控制的目的。

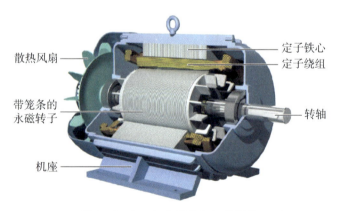

图2-2-3 永磁同步电机的结构

1. 定子

永磁同步电机的定子由导磁的定子铁心和导电的定子绕组等部件构成。其他部件是指固定定子铁心和定子绕组的一些部件,如机座、绕组支架等,如图 2-2-4 所示。

定子结构

图 2-2-4 永磁同步电机定子结构

(1) 定子铁心。永磁同步电机的定子铁心一般采用 0.5 mm 硅钢片冲制叠压而成。当定子铁心外径大于 1mm 时,用扇形的硅钢片来拼成一个整圆。在叠装时,把每层按缝错开,以减少铁心的涡流损耗。定子铁心的内圆开有槽,槽内放置定子绕组,定子槽形一般都做成开口槽,便于嵌线,如图 2-2-5 所示。

图 2-2-5 永磁同步电机定子铁心

(2) 定子绕组。永磁同步电机的定子绕组是由许多线圈连接而成的,每个线圈又是由多股铜线绕制成的。放在槽里的导体靠槽楔来压紧固定,其端部用支架固定,如图 2-2-6 所示。定子绕组与绕线式三相同步电机的定子绕组一样,通入交流电源即产生旋转磁场。

永磁同步电机的定子绕组普遍采用分布、短距绕组,对于极数较多的电机,则普遍采用分数槽绕组,若需进一步改善电动势波形时,也可考虑采用正弦绕组或其他特殊绕组。

定子绕组连接方法类型

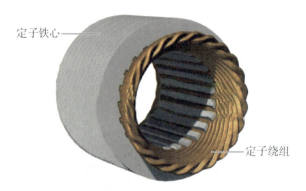

图 2-2-6 永磁同步电机定子铁心与定子绕组

2. 转子

永磁同步电机与其他电机最大的不同是转子结构,转子上安装有永磁体磁极。因此,永磁同步电机的转子主要由永磁体、转子铁心和转轴等部件构成,如图 2-2-7 所示。

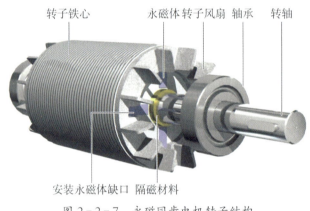

图 2-2-7 永磁同步电机转子结构

因为永磁同步电机基本都采用逆变器电源驱动,若整体用钢材会产生涡流损耗,所以在永磁体转子铁心中,永磁体主要采用铁氧体永磁和钕铁硼永磁材料,转子铁心可根据磁极结构的不同,选用实心钢或采用钢板、硅钢片冲制后叠压而成。

永磁体在转子中的布置位置有多种形式,以下将进行详细介绍。

(1) 表面凸出式永磁转子。表面凸出式永磁体磁极安装在转子铁心圆周表面上,磁极的极性与磁通走向如图 2-2-8 所示。根据磁阻最小原理,即磁通总是沿磁阻最小的路径闭合,利用磁引力拉动转子旋转,于是永磁转子就会跟随定子产生的旋转磁场同步旋转。

表面凸出式转子结构具有结构简单、制造成本较低、转动惯量小等优点,在矩形波永磁同步电机和恒功率运行范围不宽的正弦波永磁同步电机中得到广泛应用。此外,表面凸出式转子结构中的永磁磁极易于实现最优设计,这一特点使其成为能使电机气隙磁密波形趋近于正弦波的磁极形状,可显著提高电机乃至整个传动系统的性能。

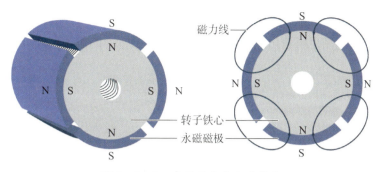

图 2-2-8 表面凸出式永磁转子

（2）表面嵌入式永磁转子。表面嵌入式永磁体磁极嵌装在转子铁心表面，磁极的极性与磁通走向如图 2-2-9 所示。

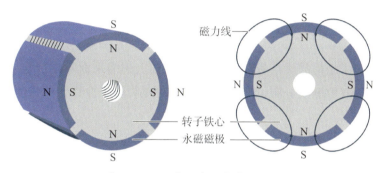

图 2-2-9 表面嵌入式永磁转子

表面嵌入式转子结构可充分利用转子磁路不对称性所产生的磁阻转矩，提高电机的功率密度，动态性能较凸出式有所改善，制造工艺也较简单，常被某些调速永磁同步电机所采用，但漏磁系数和制造成本都较凸出式大。

（3）内置径向式永磁转子。内置径向式永磁转子开有安装永磁体的槽，并且为防止永磁体磁通短路，在转子铁心的开槽上还开有隔磁空气槽，槽内也可填充隔磁材料，如图 2-2-10 所示。

图 2-2-10 内置径向式永磁转子铁心结构

把永磁体插入内置径向式永磁转子铁心的安装槽内后,其磁极的极性与磁通走向如图2-2-11所示。由此图也可看出隔磁空气槽在减小漏磁方面的作用。

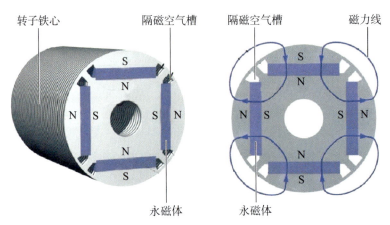

图2-2-11 内置径向式永磁转子磁通

内置径向式转子结构的优点有漏磁系数小、转轴上不需采取隔磁措施、极弧系数(在一个极距范围下实际气隙磁场分布情况的系数)易于控制、转子冲片力学强度高,安装永磁体后转子不易变形等。

(4)内置切向式永磁转子。内置切向式永磁转子铁心叠片周围冲有许多安装导电条的槽(孔),用于安装笼型绕组。槽的形状可分为方形、圆形或类似普通转子的嵌线槽。为了防止永磁体的磁通通过转轴短路,在转轴与转子铁心间加装有隔磁材料,如图2-2-12所示。

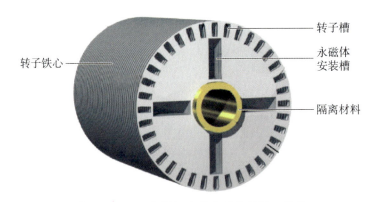

图2-2-12 内置切向式永磁转子铁心结构

把永磁体插入内置切向式永磁转子铁心的安装槽内后,其磁极的极性与磁通走向如图2-2-13所示。由图2-2-13可知这是一个4极转子。

内置切向式转子结构的转子有较大的惯性,漏磁系数较大,制造工艺和成本较径向式有所增加。其优点是一个极距下的磁通由相邻两个磁极并联提供,可得到更大的每极磁通。尤其当电机极数较多、径向式结构不能提供足够的每极磁通时,这种结构的优势就显得更为

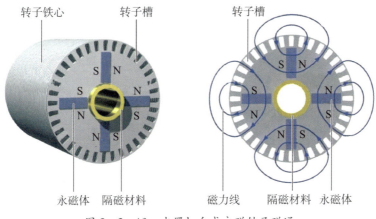

图 2-2-13 内置切向式永磁转子磁通

突出。此外,采用该结构的永磁同步电机的磁阻转矩可占到总电磁转矩的 40%,对提高电机的功率密度和扩展恒功率运行范围都是很有利的。

(5) 内置混合式永磁转子。内置混合式结构集中了径向式和切向式的优点,但结构和制造工艺都比较复杂,制造成本也比较高,因此不展开介绍。内置混合式永磁转子的结构如图 2-2-14 所示。

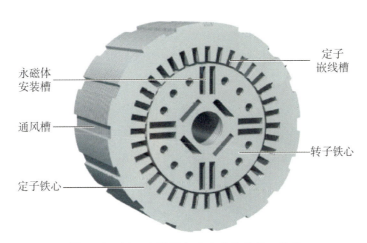

图 2-2-14 内置混合式永磁转子铁心结构

内置式永磁转子的永磁体嵌装在转子铁心内部,铁心内开有安装永磁体的槽,在每一种形式中又有采用多层永磁体进行组合的方式。一般大型电机中采用的都是内置式永磁转子。

3. 转子位置传感器

转子位置传感器的种类较多,且各具特点。在永磁同步电机中常见的位置传感器有霍尔位置传感器和旋转变压器。

(1) 霍尔位置传感器。霍尔位置传感器与电机本体一样,也由静止部分和运动部分,即位置传感器定子和位置传感器转子组成。其转子与电机主转子一同旋转,以指示电机主转子的位置，既可以直接利用电机的永磁转子，也可以在转轴其他位置上另外安装永磁转子。定子是由若干个霍尔元件按一定的间隔等距离地安装在传感器定子上，以检测电机转子的位置，如图2-2-15所示。

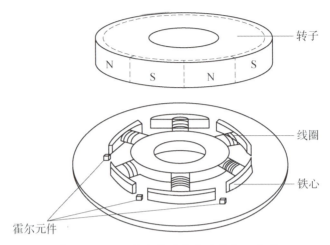

图2-2-15 霍尔位置传感器结构示意图

霍尔位置传感器由于其独特的工作特性，可被封装在密闭环境中，适用于脏湿、粉尘等恶劣环境。与此同时，霍尔传感器一般需要永磁体或者励磁才可以工作，因此应用时需安装与转子同轴的含永磁体位置检测的装置，这在一定程度上降低了其体积小的优势。

（2）旋转变压器。旋转变压器是一种输出电压随转子位置角度变化而变化的位置传感器，主要由旋转变压器转子和定子组成，如图2-2-16所示。现在新能源汽车的旋转变压器，其绕组一般都在定子上，分为励磁绕组和正、余弦信号的感应绕组。

旋转变压器因其结构坚固、受干扰较小、响应速度快，被广泛应用于高温高速运行场合。它的缺点在于信号处理比较复杂，但随着最近几年解码芯片的发展，该问题已逐步得到解决。

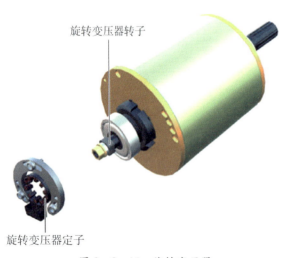

图2-2-16 旋转变压器

（二）永磁同步电机基本工作原理

1. 永磁同步电机的工作原理

永磁同步电机是以磁场为媒介进行机械能和电能相互转换的电磁装置。

永磁同步电机的工作原理如图 2-2-17 所示。图中 n 为电机转速，n_0 为同步转速，T 为转矩，θ 为功率角。电机的转子是一个永磁体，N、S 极沿圆周方向交替排列，定子可以看成是一个以速度为 n_0 的旋转磁场。电机运行时，定子存在旋转磁动势，转子像磁针在旋转磁场中旋转一样，随着定子的旋转磁场同步旋转。

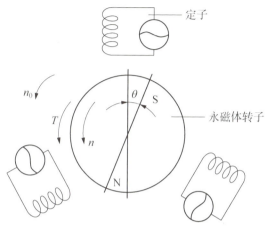

图 2-2-17 永磁同步电机工作原理

永磁同步电机工作原理

永磁同步电机转速可表示为：

$$n = n_0 = \frac{60 f_s}{p_n}$$

式中：f_s——电源频率；

p_n——电机极对数。

永磁同步电机的定子是三相对称绕组，三相正弦波电压在定子三相绕组中产生对称三相正弦波电流，并在气隙中产生旋转磁场。旋转磁场与已充磁的磁极作用，带动转子与旋转磁场同步旋转并使定、转子磁场轴线对齐。当外加负载转矩以后，转子磁场轴线将落后定子磁场轴线一个功率角，负载越大，功率角也越大，直到一个极限角度，电机停止。由此可见，同步电机在运行中，转速必须与频率严格成比例旋转，否则会失步停转。所以，它的转速与旋转磁场同步，其静态误差为零。在负载扰动下，只有功率角变化，而不引起转速变化，它的响应时间是实时的。

2. 永磁同步电机控制系统工作过程

永磁同步电机控制系统由整流桥、三相逆变电路、控制电路、三相交流永磁电机和传感器组成。

永磁同步电机控制系统的工作过程如图 2-2-18 所示。将 50 Hz 的市电经整流后，由三相逆变器给电机的三相绕组供电，三相对称电流合成的旋转磁场与转子永久磁铁所产生的磁场相互作用产生转矩,拖动转子同步旋转,通过位置传感器实时获取转子位置,变换成电信号控制逆变器功率器件开关,调节电流频率和相位,使定子和转子磁势保持稳定的位置关系,由此产生恒定的转矩。定子绕组中的电流大小是由负载决定的。定子绕组中三相电流的频率和相位随转子位置的变化而变化,使三相电流合成一个与转子同步的旋转磁场,通过电力电子器件构成的逆变电路的开关变化实现三相电流的换相,代替了机械换向器。

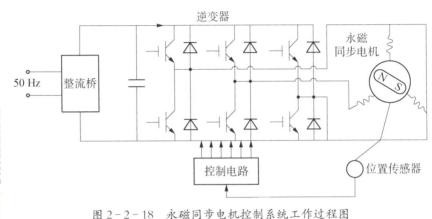

图 2-2-18　永磁同步电机控制系统工作过程图

二、交流异步电机基本组成与原理

（一）交流异步电机结构

交流异步电机主要由定子和转子两大部分组成,定子与转子之间有气隙。此外,还有端盖、轴承、风扇等部件,如图 2-2-19 所示。

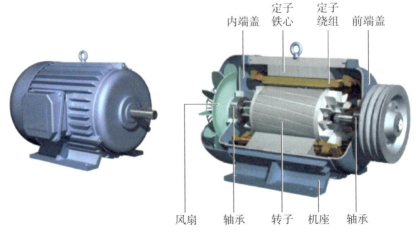

图 2-2-19　交流异步电机结构

1. 定子

定子是用于产生旋转磁场的,交流感应电机的定子由定子铁心、定子绕组和机座等部件组成,如图 2-2-20 所示。

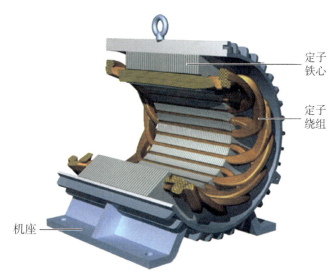

图 2-2-20　交流异步电机定子结构

(1) 定子铁心。定子铁心是交流感应电机磁路的一部分,并在其上嵌放定子绕组。为了使交流感应电机能产生较大的电磁转矩,定子铁心一般由导磁性能好、表面涂有绝缘漆(约 0.35~0.5 mm 厚)的硅钢片叠压而成,如图 2-2-21 所示。采用硅钢片的目的是减少铁损,片间绝缘可减少铁心的涡流损耗。定子铁心内圆有均匀分布的槽口,用来嵌放定子绕组。定子铁心槽的类型有半闭口型槽、半开口型槽和开口型槽 3 种。

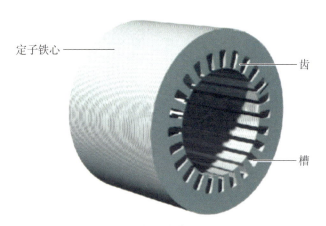

图 2-2-21　交流异步电机定子铁心

(2) 定子绕组。定子绕组是交流感应电机的电路部分,它由线圈按一定规律连接而成。

如三相异步电机有三个独立的绕组,每个绕组包括若干线圈。

每个绕组称为一个相,三个绕组在空间互相间隔120°,通入三相交流电会产生旋转磁场。线圈由绝缘铜导线或绝缘铝导线绕制而成。中小型三相异步电机多采用圆漆包线,大中型三相异步电机的定子线圈则用较大截面的绝缘扁铜线或扁铝线绕制后,再按一定规律嵌入定子铁心线槽内。三相异步电机定子绕组如图2-2-22所示。

图2-2-22 三相异步电机定子绕组

(3)机座。机座主要用于固定定子铁心与前后端盖,以支撑转子,并起防护、散热等作用。机座通常为铸铁件,大型异步电机机座一般用钢板焊成,微型电机的机座采用铸铝件。封闭式电机的机座外表面有均匀分布的散热片以增加散热面积;防护式电机的机座两端端盖开有通风孔,使电机内外的空气可直接对流,以利于散热,如图2-2-23所示。

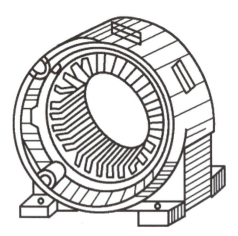

图2-2-23 交流异步电机机座

2. 转子

交流异步电机的转子主要由转子铁心、转子绕组和转轴等部件组成,如图2-2-24所示。

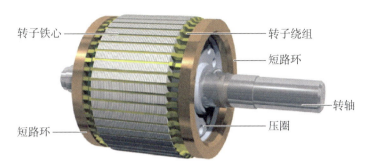

图 2-2-24　交流异步电机转子结构

(1) 转子铁心。转子铁心也是电机磁路的一部分,铁心槽内放置有转子绕组。转子铁心所用材料与定子一样,是由 0.35～0.5 mm 厚的硅钢片冲制、叠压而成,硅钢片外圆冲有均匀分布的孔,用来安置转子绕组。通常用定子铁心冲落后的硅钢片内圆来冲制转子铁心,如图 2-2-25 所示。一般小型交流感应电机的转子铁心直接压装在转轴上,大、中型异步电机的转子铁心则借助于转子支架压在转轴上。

图 2-2-25　交流异步电机转子铁心结构

转子铁心与定子铁心一样都是由彼此绝缘的硅钢片叠成的,但二者所处位置不同:定子铁心装在机座内,转子铁心装在转轴上。另外,定子铁心与转子铁心冲槽位置也不同:定子铁心内圆周表面冲有槽,用以放置定子绕组;而转子铁心外圆周表面有冲槽,用以放置转子绕组。

(2) 转子绕组。转子绕组主要用于产生电磁转矩。三相电流产生的旋转磁场切割转子导体(铜或铝),便在其中感应出电动势和电流,转子电流同旋转磁场相互作用而产生的电磁转矩使电机转动起来。转子绕组分为笼型转子绕组和绕线式转子绕组。

① 笼型转子绕组。在转子铁心的每一槽内插入一根铜条,并在铁心两端使用一铜环(称为端环)把导条连接起来,形成一个闭合的多相(每根导条为一相)对称绕组;也可用铸铝的方法,把转子导条、端环和风叶用铝液一次浇铸成形,如图 2-2-26 所示,这种转子也称铸铝转子。

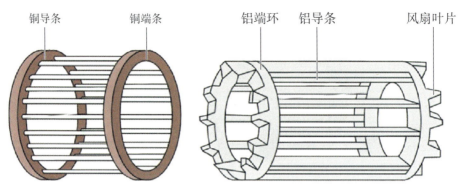

图 2-2-26 笼型交流电机的转子绕组

三相笼型异步电动机结构

目前,中小型笼型电机,大都是在转子槽中浇铸铝液而铸成的鼠笼,它的端环也用铝液同时铸成,并且在端环上铸出许多叶片作为冷却用的风扇。这样,不但可以简化制造工艺和以铝代铜,而且,可以制成各种特殊形状的转子槽形和斜槽结构(即转子槽不与轴线平行而是倾斜一个角度),如图 2-2-27 所示,从而能改善电机的起动性能,减少运行时的噪声。

图 2-2-27 笼型交流电机的转子
——斜槽结构转子

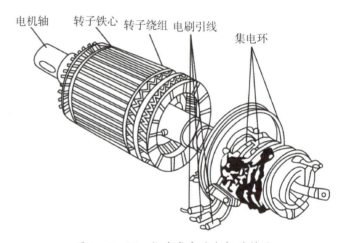

图 2-2-28 绕线式交流电机的转子

② 绕线式转子绕组。绕线式转子绕组与定子绕组一样,也是由绝缘导线做成的三相绕组。三相绕组通常接成星形,它的三个引出线接到三个集电环上。这三个集电环也固定在转轴上,并且集电环与集电环之间、集电环与转轴之间都互相绝缘。三相绕组分别接到三个集电环上,靠集电环与电刷的滑动接触,再与外电路的三相可变电阻器相接,以改善电机的起动和调速性能,如图 2-2-28 所示。

采用绕线式转子的异步电机比笼型异步电机结构复杂,成本也较高,但具有较好的起动性能,即起动电流较小,起动转矩较大。因此,线绕式电机适用于对起动有特殊要求的调速场所。

3. 气隙

气隙并不是结构部件,而是交流感应电机的定子与转子之间的空气隙。交流感应电机的气隙比直流电机的气隙小得多,一般仅为 0.2~1.5 mm,如图 2-2-29 所示。气隙大小对电机性能的影响很大,气隙大时产生的转矩小,会使电机运行时的功率因数降低;气隙太小时会引起装配困难,如果内有异物或转轴有径向移动时容易卡堵,导致电机运行不可靠,高次谐波磁场增强,会引起附加损耗,使电机起动性能变差。

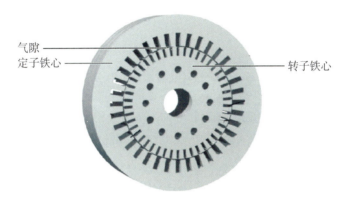

图 2-2-29 绕线式交流电机的气隙

(二)交流异步电机原理

交流感应电机是根据电磁感应原理制成的,通过三相交流电的定子绕组所产生的旋转磁场切割电机转子,获得转矩。由于交流感应电机类型多样,这里以三相交流异步电机为例阐述其工作原理。

1. 三相交流异步电机旋转磁场的产生

三相交流异步电机的定子绕组嵌放在定子铁心槽内,按一定规律连接成三相对称结构。三相定子绕组 U_1U_2、V_1V_2、W_1W_2 在空间互成 $120°$,它可以连接成 Y 形,也可以连接成 △ 形,如图 2-2-30 所示。

当定子绕组中通入三相电流后,它们共同产生的合成磁场随电流的交变而在空间不断地旋转着,这就是旋转磁场,如图 2-2-31 所示。

旋转磁场同磁极在空间旋转所起的作用

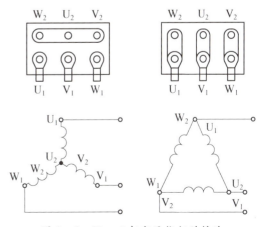

图 2-2-30 三相定子绕组的接法

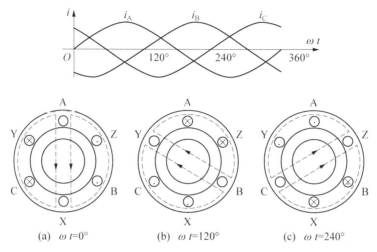

图 2-2-31 旋转磁场的产生

是一样的,三相电流产生的旋转磁场切割转子导体(铜或铝),便在其中感应出电动势和电流,转子电流同旋转磁场相互作用而产生的电磁转矩使电机转动起来。

2. 三相交流异步电机旋转方向的改变

电机的转子转动的方向和磁场旋转的方向是相同的,若要电机反转,则必须改变磁场的旋转方向。在三相电流中,电流出现正幅值的顺序为 $U_1 \rightarrow V_1 \rightarrow W_1$,因此磁场的旋转方向与这个顺序是一致的,即磁场的转向与通入绕组的三相电流的相序有关。如果将三相电源连接的三根导线中的任意两根的一端对调位置,例如:对调了 V_1 与 W_1 两相,则电机三相绕组的 V_1 相与 W_1 相对调(注意:电源三相端子的相序未变),旋转磁场因此反转,电机也就跟着改变转动方向。

3. 三相交流异步电机的工作过程

三相交流异步电机的工作原理如图 2-2-32 所示。当三相交流异步电机的三相定子绕组通入三相交流电后,将产生一个旋转磁场,该旋转磁场切割转子绕组,从而在转子绕组中产生感应电动势,电动势的方向由右手定则来确定。由于转子绕组是闭合通路,转子中便有电流产生,电流方向与电动势方向相同,而载流的转子导体在定子旋转磁场作用下将产生电磁力,电磁力的方向可用左手定则确定。电磁力进而产生电磁转矩,驱动电机旋转,并且电机旋转方向与旋转磁场方向相同。

三相交流异步电机的转子转速不等于定子旋转磁场的同步转速,这是三相交流异步电机的主要特点。

如果电机转子轴上带有机械负载,则负载被电磁转矩拖动而旋转。当负载发生变化时,转子转速也随之发生变化,使转子导体中的电动势、电流和电磁转矩发生相应变化,以适应负载需要。因此,三相交流异步电机的转速是随负载变化而变化的。

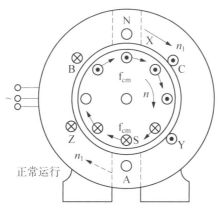

图 2-2-32 三相交流异步电机的工作原理示意图

三相异步电机工作原理

三相交流异步电机的转子转速与定子旋转磁场的同步转速之间存在转速差,它的大小决定着转子电动势及其频率的大小,直接影响异步电机的工作状态。通常用转差率表示转速差与同步转速的比值,即:

$$s_n = \frac{n_1 - n}{n_1}$$

式中:s_n——电机转差率;

n_1——定子旋转磁场的同步转速,r/min;

n——转子转速,r/min。

转差率是异步电机运行时的一个重要物理量。异步电机运行时,取值范围为 $0 < s_n < 1$;在额度负载条件下运行时,一般额定转差率为 0.01～0.06。

三、直流电机基本结构与原理

直流电机是指能将直流电能转换成机械能(直流电动机)或将机械能转换成直流电能(直流发电机)的旋转电机。它是能实现直流电能和机械能互相转换的电机。通常所说的直流电机一般包含直流有刷电机和永磁无刷直流电机两类,我们这里主要针对直流有刷电机进行讲解。

(一)直流有刷电机的结构

直流有刷电机主要由定子和转子(电枢)两大部分组成,定子与转子之间为气隙。其外形结构和内部组成部件如图 2-2-33 所示。其中静止部分叫作定子,转动部分叫作转子或电枢。

1. 定子

直流有刷电机的定子部分由机座、主磁极、换向器、电刷装置和端盖等主要部件组成,如图 2-2-34 所示。

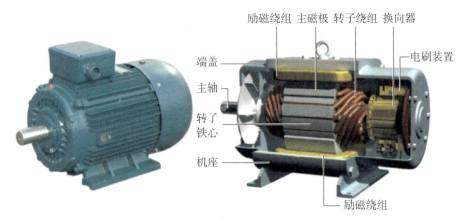

图 2-2-33 直流有刷电机外观及内部结构

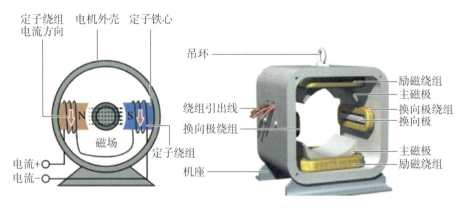

图 2-2-34 定子结构

2. 转子（电枢）

直流有刷电机的转子（电枢）主要是由电枢铁心、电枢绕组（图 2-2-36）、换向器转轴和风扇等部件组成，如图 2-2-35 所示。通电后，转子（电枢）在磁场中受力产生电磁转矩，用以带动转轴旋转。

图 2-2-35 电枢（转子）结构

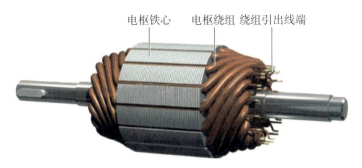

图 2-2-36 电枢绕组结构

3. 气隙

气隙如图 2-2-37 所示。

4. 轴承

轴承穿在转轴中与转子同时旋转,轴承与电机端盖连在一起,是转子与定子的关联部件,也是支撑电机转轴与转子部分旋转的关键部件。

(二)直流电机基本原理

直流电机能将直流电能转换成机械能,带动转轴做功。

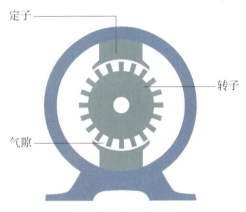

图 2-2-37 气隙

直流电机里边固定有环状永磁体,电流通过转子上的线圈产生安培力,当转子上的线圈与磁场平行时,再继续转,受到的磁场方向将改变。因此此时转子末端的电刷跟换向片交替接触,从而使线圈上的电流方向也改变,而产生的洛伦兹力方向不变,所以电机能保持一个方向转动。

直流电机的工作原理就是把电枢线圈中感应的交变电动势,靠换向器配合电刷的换向作用,使之从电刷端引出时变为直流电动势。感应电动势的方向按右手定则确定,导体受力的方向用左手定则确定。这一对电磁力形成了作用于电枢的一个力矩,这个力矩在旋转电机里称为电磁转矩,转矩的方向是逆时针方向,企图使电枢逆时针方向转动。如果此电磁转矩能够克服电枢上的阻转矩(例如由摩擦引起的阻转矩以及其他负载转矩),电枢就能按逆时针方向旋转起来。

四、开关磁阻电机基本结构与原理

(一)开关磁阻电机结构

一般开关磁阻电机由开关磁阻电机本体、功率变换器、传感器和控制器四部分组成,如

图 2-2-38 所示。开关磁阻电机本体起关键作用,其主要由双凸极的定子和转子组成,能将电能转换成机械能。

图 2-2-38 开关磁阻电机的结构组成

1. 定子

开关磁阻电机的定子是由硅钢片叠压而成的,其内部有凸出的定子凸极,定子凸极也由硅钢片叠压而成,如图 2-2-39 所示。

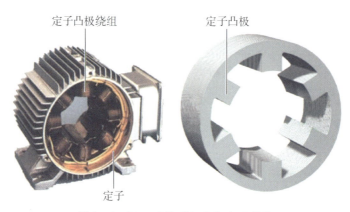

图 2-2-39 开关磁阻电机定子结构

定子凸极采用集中绕组励磁,把沿径向相对的两个绕组串联成一个两级磁极,称为"一相",如图 2-2-40 所示的 6/4 极(表示 6 个定子凸极、4 个转子凸极)结构共有三相绕组。

2. 转子

开关磁阻电机的转子也由普通的硅钢片叠压而成,转子外周有转子凸极,如图 2-2-41 所示。

与其他电机一样,转子与定子间也有很小的气隙,保证转子可以在定子内自由转动,如

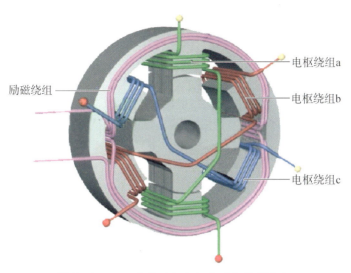

图 2-2-40　开关磁阻电机定子极线圈绕组

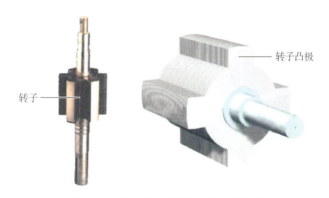

图 2-2-41　开关磁阻电机转子结构

图 2-2-42 所示。转子凸极上既无绕组也无永磁体,仅由硅钢片叠成,这是开关磁阻电机的主要特点。

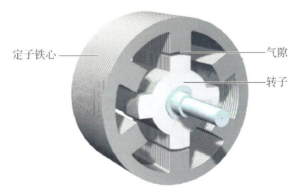

图 2-2-42　开关磁阻电机气隙

开关磁阻电机的定子与转子相数不同,有多种不同的搭配,如单相、二相、四相及多相等。定子和转子极数组合方案见表2-2-1。

表2-2-1 定子和转子极数组合方案

相数	定子极数	转子极数	步进角/(°)
3	6	4	30
4	8	6	15
5	10	8	9
6	12	10	9
7	14	12	4.25
8	16	14	3.21
9	8	16	2.5

低于三相的开关磁阻电机一般没有自起动能力。相数多,有利于减小转矩脉动,但导致结构复杂、主开关器件多、成本高。目前应用较多的是三相6/4极结构、三相6/8极结构,如图2-2-43所示。

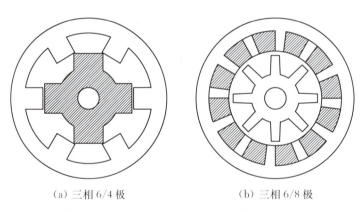

(a) 三相6/4极　　(b) 三相6/8极

图2-2-43 开关磁阻电机的几种组合方式

三相6/4极结构是指电机定子有6个凸极,转子有4个凸极,在定子相对称的两个凸极上的集中绕组互相串联,构成一相,相数=定子凸极数/2。转子上没有绕组,定子上有6个凸极的称为三相开关磁阻电机,定子上有8个凸极的称为四相开关磁阻电机。相数越多,步进角越小,运转越平稳,越有利于减小转矩波动,但控制越复杂,导致主开关器件增多和成本增加。步进角的计算方法为:

$$a = 360° \times 2/(定子极数 \times 转子极数)$$

3. 其他部分

开关磁阻电机的其他部分由电机本体的定子、转子以外的其他机械部件(如机座、转轴、风扇等)、功率变换器、位置传感器和控制器组成。

(1) 功率变换器。功率变换器是开关磁阻电机系统能量传输的关键部分,是影响系统性能与其成本的主要因素,起着控制电机绕组与直流电源接通和断开的作用。由于开关磁阻电机绕组电流通常是单向的,这使得功率变换器主电路不仅结构简单,而且相绕组与功率开关管为串联,可以避免电源短路的危险。

功率变换器的结构形式与开关磁阻电机相数、电机功率以及驱动要求等有关。功率变换器主电路形式的选取对开关磁阻电机的设计也直接产生影响,应根据具体性能、使用场所等方面综合考虑,给出最佳组合方案。开关磁阻电机常用的功率变换器主电路有很多种,应用最普遍的有三种,如图2-2-44所示。

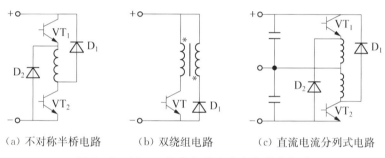

(a) 不对称半桥电路　　(b) 双绕组电路　　(c) 直流电流分列式电路

图2-2-44　三种基本的功率变换器主电路

图2-2-44(a)所示的主电路为单电源供电方式,每相有两个主开关器件,工作原理简单。导通模式有3种:两个主开关同时导通,绕组获得正向电源,电流增加;一个主开关器件导通;两个主开关同时关断。这种主电路中主开关承受的额定电源电压为U_d。它在任何相数、任何功率等级下都有明显的优势。

图2-2-44(b)所示主电路的特点是每相必须有两个绕组,其中一个绕组与开关串联,另一个通过续流二极管串联,两个绕组完全耦合(通常采用双股并绕)。工作时,电源通过开关管向绕组供电,开关管关断后,磁场储能通过续流二极管向电源回馈。开关管承受的最大工作电压为$2U_d$。

图2-2-44(c)所示的主电路为分列式电路,以对称电源供电。每相只有一个主开关,上桥臂从上电源吸收能量,并将剩余的能量回馈到下电源;或从下电源吸取能量,将剩余的能量回馈到上电源。因此,为保证上、下桥臂电压的平衡,这种主电路只能使用于偶数相电机。主开关正常工作时的最大反向电压为U_d,每相绕组导通时绕组两端的电压仅为$U_d/2$。

(2) 位置传感器。开关磁阻电机的位置传感器常见的类型有霍尔式、电磁式、光电式和磁敏式等,常布置在电机的非输出端。图2-2-45所示为开关磁阻电机传感器的位置。

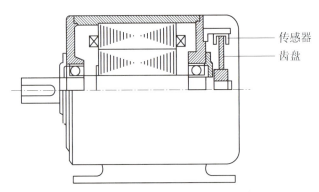

图 2-2-45 开关磁阻电机位置传感器位置

光电式位置传感器由齿盘和光电传感器组成。齿盘截面和转子截面相同,装在转子上,光电传感器装在定子上。当磁盘随转子转动时,光电传感器检测到转子齿的位置信号。

位置传感器的检测原理如图 2-2-46 所示。其中图 2-2-46(a) 是一个四相 8/6 极电机的位置检测器的结构,它只设置 S_P 和 S_Q 两个传感器,它们空间相差 15°,磁盘上有间隔 30° 的 6 个磁槽,检测到的基本信号如图 2-2-46(b) 所示。

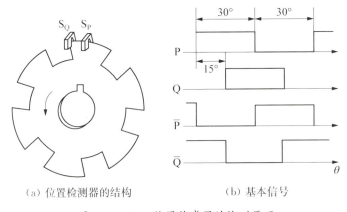

(a) 位置检测器的结构　　(b) 基本信号

图 2-2-46 位置传感器的检测原理

位置传感器的引入增加了开关磁阻电机结构的复杂性,影响了其可靠性,因此人们正致力于研究无传感器方案,通过检测相电感来获取转子位置信息,这已被公认为是非常有意义的研究方向。

(3) 控制器。控制器综合传感器检测的电机转子位置、速度和电流等反馈信息以及外部输入的控制指令,实现对开关磁阻电机运行状态的控制,是开关磁阻电机系统的指挥中枢。控制器一般由单片机及外围接口电路等组成,与控制性能要求关系很大。

(二) 开关磁阻电机工作原理

开关磁阻电机是根据磁场力原理工作的。开关磁阻电机的定子与转子相数不同,有多种不同的结构形式,这里主要介绍三相 6/4 极和四相 8/6 极开关磁阻电机的工作原理。

1. 三相 6/4 极开关磁阻电机工作原理

三相 6/4 极开关磁阻电机的定子极线圈绕组如图 2-2-47 所示。图中,定子的 6 个凸极上绕有线圈,径向相对的两个线圈连接在一起(标有红色圆点的线端连接在一起),组成一相。定义绿色线圈为电枢绕组 a,定义红色线圈为电枢绕组 b,定义蓝色线圈为电枢绕组 c。该定义是为了方便后面分析磁路,并不是连接普通的三相交流电。

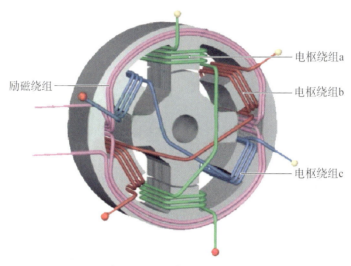

图 2-2-47 三相 6/4 极开关磁阻电机的定子极线圈绕组

以下对转子旋转时各电枢绕组内磁通的变化进行详细分析:转子逆时针旋转,当定子凸极与转子凸极对齐时,电角度为 0°,电枢绕组 a 内定子凸极磁通最大,而电枢绕组 b 与电枢绕组 c 内磁通接近零,如图 2-2-48(a)所示。

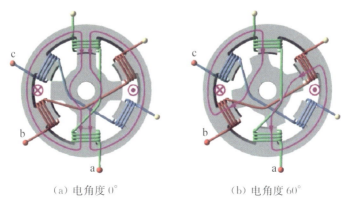

图 2-2-48 三相 6/4 极开关磁阻电机转子转动(0°~60°)

当转子旋转到机械角度15°(电角度60°)时,电枢绕组a内磁通减半,电枢绕组b内磁通增大近半,电枢绕组c内磁通接近零,如图2-2-48(b)所示。

当转子旋转到机械角度30°(电角度120°)时,电枢绕组a内磁通下降到接近零,电枢绕组b内磁通增至最大,电枢绕组c内磁通接近零,如图2-2-49(a)所示。

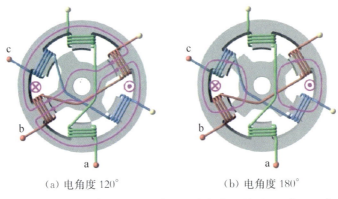

(a) 电角度120°　　　　　　(b) 电角度180°

图2-2-49　三相6/4极开关磁阻电机转子转动(120°~180°)

当转子旋转到机械角度45°(电角度180°)时,电枢绕组a内磁通接近零,电枢绕组b内磁通减半,电枢绕组c内磁通增大近半,如图2-2-49(b)所示。

当转子旋转到机械角度60°(电角度240°)时,电枢绕组a内磁通接近零,电枢绕组b内磁通下降到接近零,电枢绕组c内磁通增至最大,如图2-2-50(a)所示。

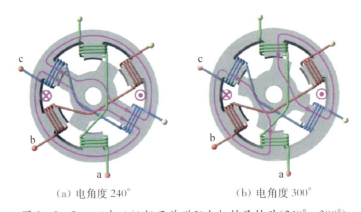

(a) 电角度240°　　　　　　(b) 电角度300°

图2-2-50　三相6/4极开关磁阻电机转子转动(240°~300°)

当转子旋转到机械角度75°(电角度300°)时,电枢绕组a内磁通增大近半,电枢绕组b内磁通接近零,电枢绕组c内磁通下降近半,如图2-2-50(b)所示。

当转子旋转到机械角度90°(电角度360°)时,电枢绕组a内磁通增至最大,电枢绕组b内磁通接近零,电枢绕组c内磁通下降到接近零,此时又旋转至起始点状态,即机械角度与电角度均为0°的状态,然后转子继续旋转,重复以上的循环。

2. 四相 8/6 极开关磁阻电机工作原理

四相 8/6 极开关磁阻电机的工作原理如图 2-2-51 所示,图中,S_1、S_2 是电子开关;VD_1、VD_2 是二极管;U 是直流电源。

开关磁阻电机的磁阻随着转子磁极与定子磁极的中心线对准或错开而变化。因为电感与磁阻成反比,所以当转子磁极在定子磁极中心线位置时,相绕组电感最大;当转子磁极中心线对准定子磁极中心线时,相绕组电感最小。

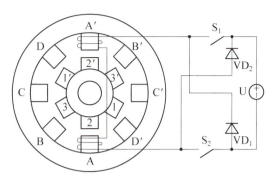

图 2-2-51 开关磁阻电机工作原理

开关磁阻电机的运行原理遵循"磁阻最小原理",即磁通总要沿着磁阻最小的路径闭合,所以具有一定形状的铁心在移动到最小磁阻位置时,必须使自己的主轴线与磁场的轴线重合。由图 2-2-51 可以看出,当定子 D-D′ 极励磁时,所产生的磁力力图使转子旋转到转子极轴线 1-1′ 与定子极轴线 D-D′ 重合的位置,并使 D 相励磁绕组的电感最大。如果以图 2-2-51 中定子、转子所处的相对位置作为起始位置,若依次给 D→A→B→C 相绕组通电,转子即会逆着励磁顺序以逆时针方向连续旋转;反之,若依次给 B→A→D→C 相通电,则电机会沿着顺时针方向转动。所以开关磁阻电机的转向与相绕组的电流方向无关,而仅取决于相绕组通电的顺序。

从以上分析可以看出开关磁阻电机的两个显著特点:一是转矩的方向不受相电流方向的影响;另一个是当电感增加时,产生电机转矩,而当电感减小时,产生负转矩(即制动转矩)。

知识拓展

电机基本定律与转动原理

一、基本定律

电机转动的相关定律主要包括电磁感应定律和安培力定律。

(一) 电磁感应定律

电磁感应定律也叫法拉第电磁感应定律,电磁感应现象是指因磁通量变化产生感应电动势的现象。例如,闭合电路的一部分导体在磁场里做切割磁力线的运动时,导体中就会产生电流,产生的电流称为感应电流,产生的电动势(电压)称为感应电动势。

电磁感应定律中电动势的方向可以通过右手定则来确定。右手定则内容:伸平右手使拇指与四指垂直,手心向着磁场的 N 极,拇指的方向与导体运动的方向一致,四指所指的方向即为导体中感应电流的方向(感应电动势的方向与感应电流的方向相同),

如图2-2-52所示。

(二) 安培力定律

在静磁学里,安培力定律专门描述两条载流导线相互作用的吸引力或排斥力。这种吸引力或排斥力又称为安培力,是由载流导线的电流所产生的磁场与对方的移动电荷的速度耦合而形成的洛伦兹力。安培力方向可用左手定则来判断:平伸左手,使拇指垂直其余四指,手心正对磁场的N极,四指指向表示电流方向,则拇指的指向就是通电导体的受力方向,如图2-2-53所示。

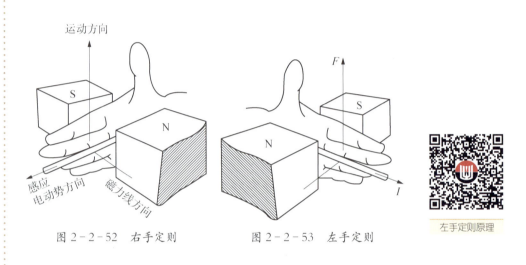

图2-2-52 右手定则　　　图2-2-53 左手定则

左手定则原理

二、电机转动原理

汽车上用的直流电机就是利用通电的电枢绕组在磁场中受到电磁力的作用产生电磁转矩而转动的。三相异步电机则是利用有感应电流通过的转子导体受到转子磁场的作用力而旋转的。

图2-2-54所示为直流电机的模型,可用其模拟它的工作原理。N和S是直流电机的一对固定的主磁极,它的电枢绕组只有一个线圈$abcd$,线圈$abcd$的两端分别与两个换向片相连接。电枢转动时,换向片随之一起旋转。静止的电刷A、B放置在换向片上。

当直流电压加在电刷两侧时,直流电流通入电枢线圈。若线圈如图2-2-54(a)所示位置时,ab边处于N极下,cd边在S极侧。电枢电流I_a经电刷A和换向片,在电枢绕组中沿着$a \to b \to c \to d$的方向流动,再经换向片和电刷B流出。线圈ab边和cd边在磁场中受到电磁力的作用,受力方向可由左手定则确定。可以确定ab边受力向左,cd边受力向右,这一对电磁力形成的电磁转矩,使电枢逆时针方向旋转。当电枢位置转过90°时,两个线圈边都转到磁感应强度$B=0$的位置,此时线圈边不受电磁力的作用,转矩消失。由于机械惯性的作用,电枢仍能转过一个角度,这时线圈ab边处

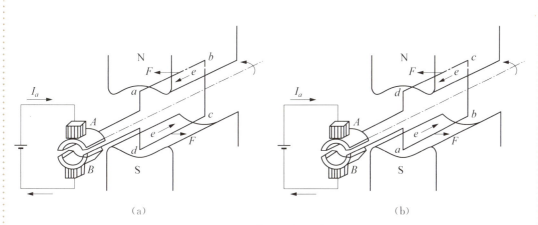

图 2-2-54 直流电机工作原理图

于 S 极侧，cd 边在 N 极下，线圈中电流方向改变了。电枢电流 I_a 经电刷 A、换向片从线圈的 d 端流入，再经线圈的 a 端、换向片、电刷 B 流出。这时两个线圈边受力的方向仍旧使电枢沿逆时针方向旋转，如图 2-2-54(b) 所示。

五、几种电机特点对比

（一）永磁同步电机

1. 永磁同步电机优点

（1）用永磁体取代绕线式同步电机转子中的励磁绕组，从而省去了励磁绕组、集电环和电刷，以电子换向实现无刷运行，结构简单，运行可靠。

（2）永磁同步电机的转速与电源频率间始终保持准确的同步关系，控制电源频率就能控制电机的转速。

（3）永磁同步电机具有较硬的机械特性，对于因负载的变化而引起的电机转矩的扰动具有较强的承受能力，瞬间最大转矩可以达到额定转矩的 3 倍以上，适合在负载转矩变化较大的工况下运行。

（4）永磁同步电机转子为永久磁铁无须励磁，因此电机可以在很低的转速下保持同步运行，调速范围宽。

（5）永磁同步电机与异步电机相比，不需要无功励磁电流，因而功率因数高，定子电流和定子功耗小，效率高。

（6）近些年来随着高性能永磁材料的不断应用，永磁同步电机的功率密度得到很大提高，比起同容量的异步电机，体积和质量都减小很多，适合应用在许多特殊场合。

（7）结构多样化，应用范围广。永磁同步电机由于转子结构的多样化，产生了特点和性能各异的许多品种，从工业到农业，从民用到国防，从日常生活到航空航天，从简单电动工具到高科技产品，几乎无所不在。

2. 永磁同步电机缺点

（1）由于永磁同步电机转子为永磁体，无法调节，必须通过加定子直轴去磁电流分量来削弱磁场，这会增大定子的电流，增加电机的铜耗。

（2）永磁同步电机的磁钢价格较高。

（二）交流异步电机

1. 交流异步电机优点

（1）使用了笼型转子绕组代替了线圈绕组，质量较小，节省材料，造价低廉。

（2）相较于直流电机，交流异步电机结构简单，维护容易，对使用环境要求低。

（3）交流异步电机运行平稳、可靠，噪声较低，使用寿命长。

（4）由于交流异步电机转子的转速低于旋转磁场的转速，电机控制器可以开环控制交流异步电机，在没有转子位置传感器的情况下也能驱动电机平稳工作。一部分交流异步电机可直接由市电或变频器供电驱动运转。

（5）结构多样化，应用范围广，多用于民用、工业与农业，适应能力强。

2. 交流异步电机缺点

（1）由于交流异步电机机械特性较软，当电机负荷改变时，转速波动较大，不适宜用于负荷多变且转速要求高的工作场合。

（2）功率因数滞后，轻载功率因数低，调速性能稍差。

（3）调速较为困难，调速时对控制器要求很高，电机控制器造价较高。

（4）起动电流较大，但起动转矩较小，且峰值转矩较小，难以满足带负载起动的需要。

（三）直流电机

1. 直流电机优点

（1）起动和调速性能好，调速范围广且调速过程平滑。

（2）具有优良的电磁转矩控制特性，转矩输出比较大，过载能力强。

（3）控制装置简单，受电磁干扰影响小，价格低廉。

2. 直流电机缺点

（1）效率较低，无法实现高转速运转。

（2）质量大、体积大，制造工艺复杂，生产成本高。

（3）可靠性低（有换向器和电刷），使用寿命短，且维护较为困难。

(4) 直流电机的换向火花既造成了换向器的电腐蚀,又是一个无线电干扰源,会对周围的电器设备带来有害的影响,电机的容量越大、转速越高,问题就越严重。

(四) 开关磁阻电机

1. 开关磁阻电机优点

(1) 结构简单,成本低。开关磁阻电机的结构相对比较简单,其突出优点是转子上没有任何形式的绕组,因此不会有鼠笼感应、鼠笼铸造不合适及使用中断条等问题。其转子力学强度极高,可以用于超高速运转。在定子方面,它有几个集中绕组,因此制造简便,绝缘容易。

(2) 功率电路,简单可靠。电机转矩方向与绕组电流方向无关,即只需单向绕组电流。功率电路可以做到每相一个功率开关,并且每个功率开关元件均直接与电机绕组串联,从根本上避免了直通短路现象。因此开关磁阻电机调速系统中功率电路的保护电路可以简化,既降低了成本,又提高了其工作可靠性。

(3) 各相可以独立工作,可靠性高。从电机的电磁结构上看,各相绕组和磁路相互独立,各自在一定轴角范围内产生电磁转矩,而不像在一般电机中必须在各相绕组和磁路共同作用下产生一个旋转磁场,电机才能正常运转。从控制器结构上看,各相电路各自给一相绕组供电,一般也是相互独立工作的。

(4) 起动电流小,转矩大。低起动电流控制器,从电源侧吸收较少的电流,在电机侧得到较大的起动转矩是磁阻电机的一大特点。

(5) 适用于频繁起、停及正、反向转换运行。开关磁阻电机具有低起动电流、高起动转矩的特点,其在起动过程中电流冲击小,电机和控制器发热较连续额定运行时小,可控参数多,调速性能好。控制开关磁阻电机的主要运行参数有相开通角、相关断角、相电流幅值及相绕组电压等。因而可控参数多,控制灵活方便。根据对电机的运行要求和电机的情况,可采用不同控制方法和参数值,使其运行于最佳状态。还可使其实现各种不同的功能和特定的特性曲线。

(6) 损耗小,效率高。因为开关磁阻电机的转子不存在绕组铜损,加上可控参数多、灵活方便,故易于在宽转速范围和不同负载下实现高效优化控制。

(7) 易于回收利用。定子和转子材料使用磁铁,都是常见的硅钢片,因而材料获取和回收利用都很容易。

(8) 高温运转,性能好。由于运转时转子不发热,冷却控制比较容易,因此可以在高温下运转。

2. 开关磁阻电机缺点

(1) 转矩有脉动现象。开关磁阻电机的磁场是跳跃性旋转的,使得开关磁阻电机输出的转速与转矩更易产生脉动现象。

（2）振动与噪声大。开关磁阻电机的转速与转矩有脉动现象，加上单边磁拉力的作用，产生的振动与噪声比其他类型的电机要大。

（3）控制系统复杂。开关磁阻电机必须安装位置传感器和电流传感器等总成，所以引线比其他电机要多，控制和接线变得更复杂。

（4）脉冲电流对供电电源有影响。开关磁阻电机的相电流是脉冲电流，这会对为它供电的直流电源产生很大的脉冲电流。

实训1　永磁同步电机分解与组装（工业电机）

请扫描二维码，查看"永磁同步电机分解与组装（工业电机）"技能视频，结合视频内容及相关资料，规范地完成永磁同步电机分解与组装的实训。

永磁同步电机分解与组装（工业电机）

◆ **实训准备**

（1）设备：永磁同步电机。

（2）工具：①常用工具：世达 150 件工具套装、十字螺丝刀；②专用工具：橡胶锤、定扭扳手。

（3）防护用品：工作服。

（4）耗材：记号笔。

（5）资料：维修手册、技能视频、学习工作页。

◆ **安全操作规范**

（1）实训操作前，请穿戴好高压安全防护装备，做好安全防护。

（2）操作中，请正确选择并规范地使用相关拆装和测量工具。

◆ **实训步骤**

一、拆卸永磁同步电机

1. 拆卸电机位置传感器（图 2-2-55）

（1）使用十字螺丝刀，拆卸电机位置传感器防尘罩固定螺栓，取下防尘罩。

（2）使用十字螺丝刀，拆卸电机位置传感器固定螺栓和传感器线束固定螺栓，取下电机位置传感器。

图 2-2-55 拆卸永磁同步电机位置传感器

2. 拆卸电机前端盖(图 2-2-56)

(1) 使用 5 mm 六角套筒、棘轮扳手,按照对角线顺序拆卸电机前端盖固定螺栓。

(2) 使用记号笔标注前端盖安装位置。

(3) 使用橡胶锤轻击电机前端盖,至其松动后取下电机前端盖。

图 2-2-56 拆卸永磁同步电机前端盖

3. 拆卸电机后端盖及转子轴

(1) 抽出电机转子轴,如图 2-2-57 所示。

转子轴带有强磁性,操作需小心,拆除后需妥善放置。

(2) 使用 10 mm 套筒、棘轮扳手,按照对角线顺序拆卸电机后端盖固定螺栓,如图 2-2-58 所示。

图 2-2-57　抽出电机转子轴　　　　图 2-2-58　拆卸电机后端盖固定螺栓

(3) 使用记号笔标注后端盖安装位置。

(4) 使用橡胶锤轻击电机后端盖至其松动后取下电机后端盖,如图 2-2-59 所示。

 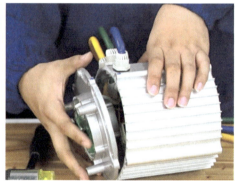

图 2-2-59　拆卸永磁同步电机后端盖

4. 取出交流永磁同步电机转子

(1) 使用转子拆卸专用工具取出交流永磁同步电机转子,注意取出时应当确保转子内部的永磁体不掉落,不受到外力冲撞,以免永磁体碎裂。

(2) 取出交流永磁同步电机转子后需检查转子主轴前、后侧两个轴承工作情况,若轴承损坏则可以使用拉拔工具拉拔出轴承并更换。

二、永磁同步电机拆解后检测

(1) 轻轻转动电机主轴前轴承与后轴承,如图 2-2-60 所示,检查其情况是否良好,有无卡滞及松旷现象。

(2) 检查电机转子是否失磁,如图 2-2-61 所示。

(3) 目视检查电机定子绕组是否存在烧蚀、绝缘老化等情况,如图 2-2-62 所示。

图 2-2-60 检查主轴前轴承与后轴承　　图 2-2-61 检查电机转子是否失磁

图 2-2-62 检查电机定子绕组

三、安装永磁同步电机

1. 安装电机后端盖及转子轴

（1）安装电机后端盖，并校准安装位置。

（2）使用橡胶锤轻击后端盖端面，使其置于正确位置。

（3）使用 10 mm 套筒、棘轮扳手，按照对角线顺序安装电机后端盖固定螺栓，如图 2-2-63 所示。

（4）使用定扭扳手按照对角线顺序紧固至 25 N·m。

图 2-2-63 安装电机后端盖固定螺栓

(5) 放入电机转子轴,使用橡胶锤轻击转子轴,使其置于正确位置。

注意事项

转子轴放入时,在磁力的作用下会产生较大的吸引力矩,注意保护手部安全,预防夹伤。

2. 安装电机前端盖

(1) 安装电机前端盖,并校对安装位置。

(2) 使用橡胶锤轻击前端盖端面,使其置于正确位置,如图 2-2-64 所示。

注意事项

电机前端盖安装到位后,转动电机主轴,若存在卡滞,则说明主轴承未到达正确位置,需重新安装调整前后端盖。

(3) 使用 5 mm 六角套筒、棘轮扳手,安装电机前端盖固定螺栓。

(4) 使用定扭扳手按照对角线顺序紧固至 25 N·m。

图 2-2-64 安装电机前端盖

3. 安装电机位置传感器(图 2-2-65)

(1) 安装电机位置传感器至正确位置,使用十字螺丝刀安装位置传感器固定螺栓。

(2) 安装电机位置传感器防尘罩,使用十字螺丝刀安装防尘罩固定螺栓。

◆ 整理清洁

(1) 检查永磁同步电机确认所有部件安装正确。

(2) 按照 7S 管理标准,整理工具、场地和设备。

图 2-2-65 安装电机位置传感器

实训 2　永磁同步电机静态检测（工业电机）

请扫描二维码，查看"永磁同步电机静态检测（工业电机）"技能视频，结合视频内容及相关资料，规范地完成永磁同步电机静态检测的实训。

永磁同步电机静态检测（工业电机）

◆ 实训准备

（1）设备：永磁同步电机。
（2）工具：数字兆欧表、耐压测试仪、脉冲测试仪、数字电桥。
（3）防护用品：工作服、高压绝缘手套。
（4）资料：维修手册、技能视频、学习工作页。

◆ 安全操作规范

（1）实训操作前，请穿戴好高压安全防护装备，做好安全防护。
（2）操作中，请正确选择并规范地使用相关拆装和测量工具。

◆ 实训步骤

一、永磁同步电机绝缘检测

1. 检测 U 相绕组绝缘值

（1）将数字兆欧表正极测试端连接电机三相绕组 U 相端子，负极连接电机壳体，如图 2-2-66 所示。
（2）打开数字兆欧表电源开关，将数字兆欧表挡位调节至 1000 V 测试挡。

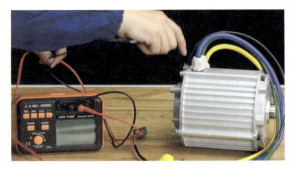 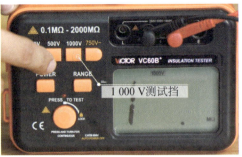

图 2-2-66 连接数字兆欧表

（3）打开测试开关，等待绝缘数值稳定后即完成实验，查看并记录数字兆欧表显示器 U 相绕组绝缘值。

在测量过程中发现短路、测试端脱落等意外情况时，需及时点击数字兆欧表急停开关停止绝缘测试。兆欧表若持续显示 1MΩ 则说明绝缘值大于当前设备最大量程，绝缘电阻值应大于 1MΩ，若小于标准值则说明电机存在绝缘性能不良故障。

（4）测试完毕后，关闭测试开关，取下正负极测试端子，使用放电电阻连接 U 相端子与电机壳体，进行放电操作，如图 2-2-67 所示。

图 2-2-67 放电操作

2. 检测 V 相绕组绝缘值

（1）将数字兆欧表正极测试端连接电机三相绕组 V 相端子，负极连接电机壳体。

（2）打开测试开关，等待绝缘数值稳定后即完成实验，查看并记录数字兆欧表显示器 V 相绕组绝缘值，绝缘电阻值应大于 1MΩ，若小于标准值则说明电机存在绝缘性能不良故障。

（3）测试完毕后，关闭测试开关，取下正负极测试端子，使用放电电阻连接 V 相端子与电机壳体,进行放电操作。

3. 检测 W 相绕组绝缘值

(1) 将数字兆欧表正极测试端连接电机三相绕组 W 相端子,负极连接电机壳体。

(2) 打开测试开关,等待绝缘数值稳定后即完成实验,查看并记录数字兆欧表显示器 W 相绕组绝缘值,绝缘电阻值应大于 1MΩ,若小于标准值则说明电机存在绝缘性能不良故障。

(3) 测试完毕后,关闭测试开关,取下正负极测试端子,使用放电电阻连接 W 端子与电机壳体,进行放电操作。

(4) 将数字兆欧表调节至最小单位,关闭数字兆欧表电源开关,如图 2-2-68 所示。

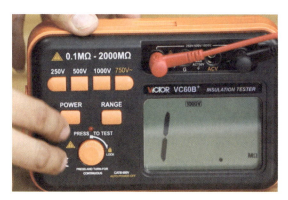

图 2-2-68　关闭数字兆欧表

二、永磁同步电机电阻、电感检测

1. 检测 U 相绕组电阻、电感值

(1) 打开数字电桥电源开关,连接数字电桥正负极测试端子至电机 U 相端子与 V 相端子,如图 2-2-69 所示。

图 2-2-69　连接数字电桥

(2) 将数字电桥挡位调节至电阻测试挡,待数值稳定后记录 U 相绕组电阻值。

(3) 将数字电桥挡位调节至电感测试挡,待数值稳定后记录 U 相绕组电感值。

(4) 取下正负极测试端子。

(5) 测试完毕后,将测试值与标准数值相比较,若数值相差较大,则说明电机 U 相绕组存在故障。

三相绕组	电阻值	电感值
U 相绕组	$Rs:0.0899\,\Omega$ $X:1.7642$	$Ls:297.79\,\mu H$ $Q:17.2259$

2. 检测 V 相绕组电阻、电感值

(1) 连接数字电桥正负极测试端子至电机 V 相端子与 W 相端子。

(2) 将数字电桥挡位调节至电阻测试挡,待数值稳定后记录 V 相绕组电阻值。

(3) 将数字电桥挡位调节至电感测试挡,待数值稳定后记录 V 相绕组电感值。

(4) 取下正负极测试端子。

(5) 测试完毕后,将测试值与标准数值相比较,若数值相差较大,则说明电机 V 相绕组存在故障。

三相绕组	电阻值	电感值
V 相绕组	$Rs:0.0886\,\Omega$ $X:1.7647$	$Ls:281.41\,\mu H$ $Q:17.2295$

3. 检测 W 相绕组电阻、电感值

(1) 连接数字电桥正负极测试端子至电机 W 相端子与 U 相端子。

(2) 将数字电桥挡位调节至电阻测试挡,待数值稳定后记录 W 相绕组电阻值。

(3) 将数字电桥挡位调节至电感测试挡,待数值稳定后记录 W 相绕组电感值。

(4) 取下正负极测试端子,关闭数字电桥电源开关。

(5) 测试完毕后,将测试值与标准数值相比较,若数值相差较大,则说明电机 W 相绕组存在故障。

三相绕组	电阻值	电感值
W 相绕组	$Rs:0.0890\,\Omega$ $X:1.7638$	$Ls:281.38\,\mu H$ $Q:17.1610$

三、永磁同步电机耐压检测

1. 检测 U 相绕组耐压值

（1）穿戴高压绝缘手套，打开耐压测试仪电源开关，确保调压旋钮处于最小位置。

（2）连接耐压测试仪负极至电机壳体。

（3）连接耐压测试仪输出端子至 U 相端子，如图 2-2-70 所示。

（4）按下测试按钮，开始耐压测试。

图 2-2-70 连接耐压测试仪

在测试时耐压测试仪会输出高电压，最高电压可达到 4 000 V，因此操作时需注意做好高压防护工作。

（5）缓慢转动调压旋钮，逐步调高测试电压值，待到测试仪中超漏灯亮起时，如图 2-2-71 所示，此时记录的电压值就是 U 相绕组的最高耐压值。

此款电机的耐压值应高于 1 200 V，耐压值根据电机不同也各有不同。

（6）将调压旋钮转动至最小位置，取下耐压测试仪负极端子，将放电电阻一端连接至 U 相端子，另一端连接至电机壳体，执行放电操作，如图 2-2-72 所示。

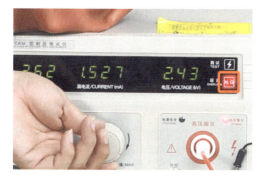

图 2-2-71 超漏灯位置

图 2-2-72 放电操作

（7）取下放电电阻。

2. 检测 V 相绕组耐压值

（1）连接耐压测试仪负极至电机壳体。

(2) 连接耐压测试仪输出端子至 V 相端子。

(3) 按下测试按钮,开始耐压测试。

(4) 缓慢转动调压旋钮,逐步调高测试电压值,待到测试仪中超漏灯亮起时,记录此时的电压值就是 V 相绕组的最高耐压值。

(5) 将调压旋钮转动至最小位置,取下耐压测试仪负极端子,将放电电阻一端连接至 V 相端子,另一端连接至电机壳体,执行放电操作。

(6) 取下放电电阻。

3. 检测 W 相绕组耐压值

(1) 连接耐压测试仪负极至电机壳体。

(2) 连接耐压测试仪输出端子至 W 相端子。

(3) 按下测试按钮,开始耐压测试。

(4) 缓慢转动调压旋钮,逐步调高测试电压值,待到测试仪中超漏灯亮起时,记录此时的电压值就是 W 相绕组的最高耐压值。

(5) 将调压旋钮转动至最小位置,取下耐压测试仪负极端子,关闭耐压测试仪电源开关,将放电电阻一端连接至 W 相端子,另一端连接至电机壳体,执行放电操作。

(6) 取下放电电阻。

四、永磁同步电机脉冲测试

1. 检测 U 相绕组脉冲波形

(1) 开启脉冲测试仪电源开关。

(2) 连接脉冲测试仪正极测试端子至 U 相端子,负极端子至 V 相端子,如图 2-2-73 所示。

(3) 点击标准采样按键,点击手动采样进入采样页面,如图 2-2-74 所示。

图 2-2-73 连接脉冲测试仪

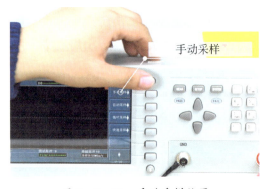

图 2-2-74 手动采样位置

(4) 点击开始进行脉冲波形采样。

(5) 点击采样记录采样波形。
(6) 待采样完成后,点击 START 按钮开始测试。

电机说明书中通常会设有标准脉冲波形参考,可以此为据对比测量波形判断测量结果。

(7) 验证采样波形是否记录成功,仪表比较功能是否可用。
(8) 待测试完成后,观察 U 相励磁绕组脉冲波形,判断 U 相绕组是否存在故障。
(9) 取下正负极测试端子。

2. 检测 V 相绕组脉冲波形
(1) 连接脉冲测试仪正极测试端子至 V 相端子,负极端子至 W 相端子。
(2) 点击 START 按钮开始测试。

脉冲测试仪将自动对比检测波形与采样波形。若对比合格则会在仪表中显示 OK 字样,如图 2-2-75 所示;若对比不合格则显示 FAIL 字样。

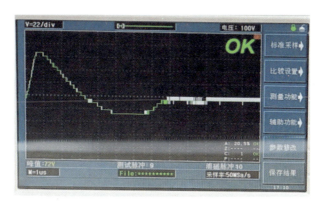

图 2-2-75　检测波形与采样波形对比合格

(3) 待测试完成后,观察仪表中检测结果及检测波形,判断 V 相绕组是否存在故障。
(4) 取下正负极测试端子。

3. 检测 W 相绕组脉冲波形
(1) 连接脉冲测试仪正极测试端子至 W 相端子,负极端子至 U 相端子。
(2) 点击 START 按钮开始测试。

(3) 待测试完成后,观察仪表中检测结果及检测波形,判断 W 相绕组是否存在故障。

(4) 取下正负极测试端子,关闭脉冲测试仪电源开关。

(5) 对电机执行放电操作,如图 2-2-76 所示。

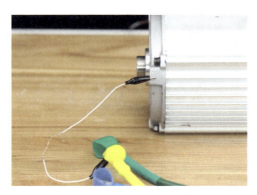

图 2-2-76 放电操作

◆ 整理清洁

(1) 将测量工具及实验元件整理归位。

(2) 按照 7S 管理标准,整理工具、场地和设备。

实训 3　交流异步电机分解与组装(工业电机)

请扫描二维码,查看"交流异步电机分解与组装(工业电机)"技能视频,结合视频内容及相关资料,规范地完成交流异步电机分解与组装的实训。

◆ 实训准备

(1) 设备:交流异步电机。

(2) 工具:①常用工具:世达 150 件工具套装、十字螺丝刀;②专用工具:橡胶锤、卡簧钳、定扭扳手、尖嘴钳。

(3) 防护用品:工作服。

(4) 耗材:记号笔。

(5) 资料:维修手册、技能视频、学习工作页。

◆ 安全操作规范

(1) 实训操作前,请穿戴好高压安全防护装备,做好安全防护。

（2）操作中，请正确选择并规范地使用相关拆装和测量工具。

◆ **实训步骤**

一、拆卸交流异步电机

1. 拆卸电机接线柱

（1）使用13 mm套筒、棘轮扳手拆卸电机三相电缆固定螺母，如图2-2-77所示。

（2）从接线柱上取下三相电缆接头。

（3）使用19 mm开口扳手拆卸三相导线定位螺栓，如图2-2-78所示。

图2-2-77 拆卸电机三相电缆固定螺母

图2-2-78 拆卸电机三相导线定位螺栓

（4）使用5 mm六角扳手拆卸三相导线接线柱固定螺栓，取下三相导线接线柱，如图2-2-79所示。

（5）使用4 mm六角扳手拆卸三相导线接线柱支架固定螺栓，取下支架及密封圈，如图2-2-80所示。

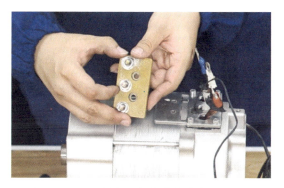

图2-2-79 拆卸三相导线接线柱固定螺栓

图2-2-80 拆卸三相导线接线柱支架固定螺栓

2. 拆卸电机位置传感器(图 2-2-81)

(1) 使用十字螺丝刀拆卸电机位置传感器防尘罩固定螺栓,取下防尘罩。

(2) 使用十字螺丝刀拆卸电机位置传感器固定螺栓,取出电机位置传感器及密封圈。

(3) 使用十字螺丝刀拆卸信号盘固定螺栓,取下螺栓与垫片。

(4) 使用记号笔在信号盘上做好安装标记,如图 2-2-82 所示,取下信号盘。

图 2-2-81 拆卸电机位置传感器

图 2-2-82 在信号盘上做好安装标记

3. 拆卸电机前端盖

(1) 使用 5 mm 六角套筒、棘轮扳手按照对角线顺序拆卸电机前端盖固定螺栓。

(2) 使用记号笔标注前端盖安装位置,如图 2-2-83 所示。

(3) 使用橡胶锤轻击电机前端盖至其松动后取下电机前端盖,如图 2-2-84 所示,取出弹性垫片。

图 2-2-83 用记号笔标注前端盖安装位置

图 2-2-84 用橡胶锤轻击电机前端盖

4. 拆卸电机后端盖及转子

(1) 抽出电机转子轴。

(2) 使用记号笔标注后端盖安装位置,如图 2-2-85 所示。

(3) 使用橡胶锤轻击电机后端盖至其松动后取下电机后端盖,如图 2-2-86 所示。

 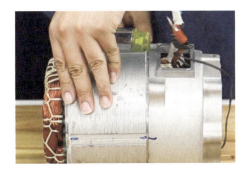

图 2-2-85　用记号笔标注后端盖安装位置　　图 2-2-86　用橡胶锤轻击电机后端盖

二、交流异步电机拆解后检测

（1）轻轻转动电机主轴前后轴承，检查其情况是否良好、有无卡滞及松旷现象，如图 2-2-87 所示。

（2）目视检查电机定子绕组是否存在烧蚀、绝缘体老化等情况，如图 2-2-88 所示。

（3）检查电机温度传感器固定胶是否老化脱落。

图 2-2-87　检测电机主轴前轴承与后轴承　　图 2-2-88　检测电机定子绕组

三、安装交流异步电机

1. 安装电机后端盖及转子轴（图 2-2-89）

图 2-2-89　安装电机后端盖及转子轴

(1) 安装电机后端盖,校对安装标记,使用橡胶锤轻击后端盖端面使其置于正确位置。
(2) 放入电机转子轴。

确保主轴后轴承安装至正确位置。

2. 安装电机前端盖
(1) 放入弹性垫片,安装电机前端盖,并校对安装位置,使用橡胶锤轻击前端盖端面使其置于正确位置。

转动电机主轴应能自由转动无卡滞感,若存在卡滞则说明主轴轴承未到达正确位置,需重新安装前端盖。

(2) 使用5 mm六角套筒、棘轮扳手安装电机前端盖固定螺栓,并使用定扭扳手按照对角线顺序紧固至25 N·m。

3. 安装电机位置传感器(图2-2-90)
(1) 安装信号盘并校对安装位置。
(2) 安装信号盘固定螺栓与垫片,使用十字螺丝刀安装信号盘固定螺栓。
(3) 安装电机位置传感器及密封圈。
(4) 使用十字螺丝刀安装电机位置传感器固定螺栓。
(5) 安装防尘罩,使用十字螺丝刀安装电机位置传感器防尘罩固定螺栓。

图2-2-90 安装电机位置传感器

4. 安装电机接线柱(图 2-2-91)

(1) 安装三相导线接线柱支架及密封圈,使用 4 mm 六角扳手安装支架固定螺栓。
(2) 安装电机三相导线接线柱,使用 5 mm 六角扳手安装三相导线接线柱固定螺栓。
(3) 使用 19 mm 开口扳手安装三相导线定位螺栓。

图 2-2-91 安装电机接线柱

(4) 安装三相电缆接头至接线柱上。
(5) 使用 13 mm 套筒、棘轮扳手安装电机三相电缆固定螺母。

◆ 整理清洁

(1) 检查交流异步电机,确认所有部件安装正确。
(2) 按照 7S 管理标准,整理工具、场地和设备。

实训 4　交流异步电机静态检测(工业电机)

请扫描二维码,查看"交流异步电机静态检测(工业电机)"技能视频,结合视频内容及相关资料,规范地完成交流异步电机静态检测的实训。

◆ 实训准备

(1) 设备:交流异步电机。
(2) 工具:数字兆欧表、耐压测试仪、脉冲测试仪、数字电桥。
(3) 防护用品:工作服、高压绝缘手套。
(4) 资料:维修手册、技能视频、学习工作页。

交流异步电机静态检测(工业电机)

◆ 安全操作规范

(1) 实训操作前,请穿戴好高压安全防护装备,做好安全防护。
(2) 操作中,请正确选择并规范地使用相关拆装和测量工具。

◆ 实训步骤

一、交流异步电机绝缘检测

1. 检测 U 相绕组绝缘值

(1) 将数字兆欧表正极测试端连接电机三相绕组 U 相端子,负极连接电机壳体,如图 2-2-92 所示。

(2) 打开数字兆欧表电源开关,将数字兆欧表挡位调节至 1 000 V 测试挡。

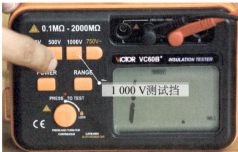

图 2-2-92 连接数字兆欧表

(3) 打开测试开关,等待绝缘数值稳定后即完成实验,查看并记录数字兆欧表显示器 U 相绕组绝缘值。

在测量过程中发现短路、测试端脱落等意外情况时,需及时点击数字兆欧表急停开关停止绝缘测试,数字兆欧表若持续显示 1MΩ 则说明绝缘值大于当前设备最大量程,绝缘电阻值应大于 1MΩ,若小于标准值则说明电机存在绝缘性能不良故障。

(4) 测试完毕后,关闭测试开关,取下正负极测试端子,使用放电电阻连接 U 相端子与电机壳体,进行放电操作,如图 2-2-93 所示。

2. 检测 V 相绕组绝缘值

(1) 将数字兆欧表正极测试端连接电机三相绕组 V 相端子,负极连接电机壳体。
(2) 打开测试开关,等待绝缘数值稳定后即完成实验,查看并记录数字兆欧表显示器 V 相绕组绝缘值,绝缘电阻值应大于 1MΩ,若小于标准值则说明电机存在绝缘性能不良故障。

图 2-2-93 放电操作

（3）测试完毕后，关闭测试开关，取下正负极测试端子，使用放电电阻连接 V 相端子与电机壳体，进行放电操作。

3. 检测 W 相绕组绝缘值

（1）将数字兆欧表正极测试端连接电机三相绕组 W 相端子，负极连接电机壳体。

（2）打开测试开关，等待绝缘数值稳定后即完成实验，查看并记录数字兆欧表显示器 W 相绕组绝缘值，绝缘电阻值应大于 1 MΩ，若小于标准值则说明电机存在绝缘性能不良故障。

（3）测试完毕后，关闭测试开关，取下正负极测试端子，使用放电电阻连接 W 相端子与电机壳体，进行放电操作。

（4）将数字兆欧表调节至最小单位，关闭数字兆欧表电源开关，如图 2-2-94 所示。

图 2-2-94 关闭数字兆欧表

二、交流异步电机电阻、电感检测

1. 检测 U 相绕组电阻、电感值

（1）打开数字电桥电源开关，连接数字电桥正负极测试端子至电机 U 相端子与 V 相端子,如图 2-2-95 所示。

(2) 将数字电桥挡位调节至电阻测试挡,待数值稳定后记录 U 相绕组电阻值。

(3) 将数字电桥挡位调节至电感测试挡,待数值稳定后记录 U 相绕组电感值。

(4) 取下正负极测试端子。

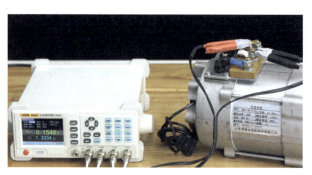

图 2-2-95 连接数字电桥

(5) 测试完毕后,将测试值与厂方标准数值相比较,若数值相差较大,则说明电机 U 相绕组存在故障。

三相绕组	电阻值	电感值
U 相绕组	Rs:0.156 6 Ω X:1.333 0	Ls:212.93 μH Q:7.984 98

2. 检测 V 相绕组电阻、电感值

(1) 连接数字电桥正负极测试端子至电机 V 相端子与 W 相端子。

(2) 将数字电桥挡位调节至电阻测试挡,待数值稳定后记录 V 相绕组电阻值。

(3) 将数字电桥挡位调节至电感测试挡,待数值稳定后记录 V 相绕组电感值。

(4) 取下正负极测试端子。

(5) 测试完毕后,将测试值与厂方标准数值相比较,若数值相差较大,则说明电机 V 相绕组存在故障。

三相绕组	电阻值	电感值
V 相绕组	Rs:0.154 4 Ω X:1.315 8	Ls:210.24 μH Q:8.004 54

3. 检测 W 相绕组电阻、电感值

（1）连接数字电桥正负极测试端子至电机 W 相端子与 U 相端子。

（2）将数字电桥挡位调节至电阻测试挡，待数值稳定后记录 W 相绕组电阻值。

（3）将数字电桥挡位调节至电感测试挡，待数值稳定后记录 W 相绕组电感值。

（4）取下正负极测试端子，关闭数字电桥电源开关。

（5）测试完毕后，将测试值与厂方标准数值相比较，若数值相差较大，则说明电机 W 相绕组存在故障。

三相绕组	电阻值	电感值
W 相绕组	R_S：0.155 0 Ω X：1.280 5	L_S：204.59 μH Q：7.721 62

三、交流异步电动机耐压检测

1. 检测 U 相绕组耐压值

（1）穿戴高压绝缘手套，打开耐压测试仪电源开关，确保调压旋钮处于最小位置。

（2）连接耐压测试仪负极至电机壳体。

（3）连接耐压测试仪输出端子至 U 相端子，如图 2 - 2 - 96 所示。

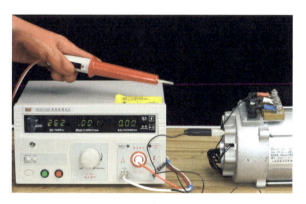

图 2 - 2 - 96　连接耐压测试仪

（4）按下测试按钮，开始耐压测试。

在测试时耐压测试仪会输出高电压，最高电压可达到 4 000 V，因此操作时需注意做好高压防护工作。

(5) 缓慢转动调压旋钮,逐步调高测试电压值,待到测试仪中超漏灯亮起时,如图 2-2-97 所示,记录此时的电压值就是 U 相绕组的最高耐压值。

注意事项

此款电机的耐压值应高于 1200 V,耐压值根据电机不同也各有不同。

(6) 将调压旋钮转动至最小位置,取下耐压测试仪负极端子,将放电电阻一端连接至 U 相端子,另一端连接至电机壳体,执行放电操作,如图 2-2-98 所示。

图 2-2-97 超漏灯位置

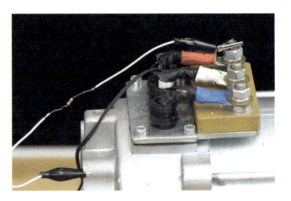

图 2-2-98 放电操作

(7) 取下放电电阻。

2. 检测 V 相绕组耐压值

(1) 连接耐压测试仪负极至电机壳体。

(2) 连接耐压测试仪输出端子至 V 相端子。

(3) 按下测试按钮,开始耐压测试。

(4) 缓慢转动调压旋钮,逐步调高测试电压值,待到耐压测试仪中超漏灯亮起时,此时记录的电压值就是 V 相绕组的最高耐压值。

(5) 将调压旋钮转动至最小位置,取下耐压测试仪负极端子,将放电电阻一端连接至 V 相端子,另一端连接至电机壳体,执行放电操作。

(6) 取下放电电阻。

3. 检测 W 相绕组耐压值

(1) 连接耐压测试仪负极至电机壳体。

(2) 连接耐压测试仪输出端子至 W 相端子。

(3) 按下测试按钮,开始耐压测试。

(4) 缓慢转动调压旋钮,逐步调高测试电压值,待到耐压测试仪中超漏灯亮起时,记录此时的电压值就是 W 相绕组的最高耐压值。

（5）将调压旋钮转动至最小位置，取下耐压测试仪负极端子，关闭耐压测试仪电源开关，将放电电阻一端连接至 W 相端子，另一端连接至电机壳体，执行放电操作。

（6）取下放电电阻。

四、交流异步电机脉冲测试

1. 检测 U 相绕组脉冲波形

（1）开启脉冲测试仪电源开关。

（2）连接脉冲测试仪正极测试端子至 U 相端子，负极端子至 V 相端子，如图 2-2-99 所示。

（3）点击标准采样按键，点击手动采样进入采样页面，如图 2-2-100 所示。

图 2-2-99　连接脉冲测试仪

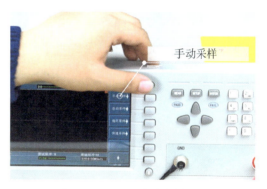

图 2-2-100　手动采样位置

（4）点击开始进行脉冲波形采样。

（5）点击采样记录采样波形。

（6）待采样完成后，点击 START 按钮开始测试。

（7）验证采样波形是否记录成功，仪表比较功能是否可用。

（8）待测试完成后，观察 U 相励磁绕组脉冲波形，判断 U 相绕组是否存在故障。

电机说明书中通常会设有标准脉冲波形参考，可以此为据对比测量波形判断测量结果。

脉冲测试仪将自动对比检测波形与采样波形。若对比合格则会在仪表中显示 OK 字样，如图 2-2-101 所示；若对比不合格则显示 FAIL 字样。

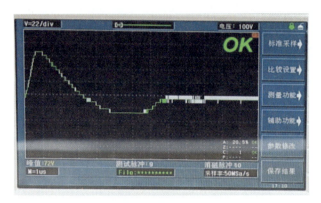

图 2-2-101　检测波形与采样波形对比合格

(9) 取下正负极测试端子。

2. 检测 V 相绕组脉冲波形

(1) 连接脉冲测试仪正极测试端子至 V 相端子,负极端子至 W 相端子。

(2) 点击 START 按钮开始测试。

(3) 待测试完成后,观察仪表中检测结果及检测波形,判断 V 相绕组是否存在故障。

(4) 取下正负极测试端子。

3. 检测 W 相绕组脉冲波形

(1) 连接脉冲测试仪正极测试端子至 W 相端子,负极端子至 U 相端子。

(2) 点击 START 按钮开始测试。

(3) 待测试完成后,观察仪表中检测结果及检测波形,判断 W 相绕组是否存在故障。

(4) 取下正负极测试端子,关闭脉冲测试仪电源开关。

(5) 对电机执行放电操作,如图 2-2-102。

图 2-2-102　放电操作

◆ 整理清洁

（1）将测量工具及实验元件整理归位。
（2）按照7S管理标准，整理工具、场地和设备。

本任务介绍了永磁同步电机、交流异步电机、直流电机、开关磁阻电机的基本组成与原理和4种电机的优缺点对比。

永磁同步电机由定子和转子两大部分构成，此外还有机座、壳体和转轴等。其工作原理为定子绕组通电之后，产生旋转的磁场；转子上嵌上永久磁体，直接产生磁场。转子磁场是永磁体产生的，而且其磁极方向是固定的，那么根据同性相斥、异性相吸的原理，当定子绕组产生的磁场旋转时，定子绕组的磁场旋转带动转子转动，转子和定子的旋转基本上是同步的。永磁同步电机装有转子位置传感器，用来检测转子磁极位置，并以此对电枢电流进行控制，达到对永磁同步电机驱动控制的目的。

交流异步电机的基本结构包括定子、转子和端盖等。其工作原理为当定子接通三相对称交流电压时，在电机内部产生旋转磁场。这个旋转磁场又在转子导体内部产生感应电动势。由于转子绕组短路连接，进而形成转子电流。磁场对其范围内通电流的导体会产生力的作用，从而形成了转矩输出。

直流电机是由直流供电，将电能转化为机械能的旋转机械装置。直流电机主要组成有定子、转子、气隙、轴承、风扇。利用通电的电枢绕组在磁场中受到电磁力的作用产生电磁转矩而转动。

开关磁阻电机的定子、转子均由普通硅钢片叠压而成。转子上既无绕组也无永久磁铁，一般装有位置检测器；定子上绕有集中绕组，径向相对的两个绕组串联构成一相绕组，大多数为四相8/6极开关磁阻电机。

永磁同步电机因其结构特殊，噪声更小且效率更高，更加省电。基于此，永磁同步电机在新能源汽车领域备受欢迎，应用广泛。交流异步电机结构多样化，应用范围广，多用于民用、工业与农业，适应能力强。

一、判断题

1. 永磁同步电机是用永磁体取代绕线式同步电机转子中的励磁绕组，从而省去了励磁

线圈、集电环和电刷。   （ ）

2. 永磁同步电机与其他电机的不同是转子结构，转子上安装有外部换向器。 （ ）

3. 交流电机驱动的车辆在减速时，交流电机可进行制动能量回收。   （ ）

4. 永磁同步电机使用过程中，要根据电机的使用环境和频率，对其进行定期的维护。

（ ）

二、选择题

1. 永磁同步电机是以（   ）为媒介进行机械能和电能相互转换的电磁装置。【单选题】

A. 磁场　　　　　　　B. 电流　　　　　　　C. 励磁

2. 与其他电机相比，永磁同步电机还必须装有（   ），用来检测磁极位置，并以此对电枢电流进行控制，达到对永磁同步电机驱动控制的目的。【单选题】

A. 永磁体　　　　　　B. 转子位置传感器　　C. 逆变器

3. （   ）与电机本体一样，也是由静止部分和运动部分组成，即位置传感器定子和位置传感器转子。【单选题】

A. 磁阻式位置传感器　B. 光电式位置传感器　C. 霍尔位置传感器

4. 下列选项中不是笼型电机组成的是（   ）。【单选题】

A. 笼型转子　　　　　　　　　　　　B. 定子绕组

C. 电刷　　　　　　　　　　　　　　D. 定子铁心

5. 交流感应电机的气隙比直流电机的气隙小得多，一般仅为（   ）。【单选题】

A. 0.1～1.5mm　　　　　　　　　　　B. 0.1～1.6mm

C. 0.2～2.0mm　　　　　　　　　　　D. 0.2～1.5mm

三、简答题

1. 请简述永磁同步电机的工作原理。

2. 请讲述交流异步电机的优点和缺点。

任务 3　典型驱动电机结构与检修

1. 了解永磁同步驱动电机结构特点。
2. 掌握比亚迪 E5 永磁同步驱动电机结构。
3. 掌握比亚迪 E5 永磁同步驱动电机工作原理。
4. 了解驱动电机检修内容和检修方法。

一辆比亚迪 E5 被拖送至 4S 店进行维修，车主反映该车在涉水后车辆无法上电。维修接待人员试车发现车辆上电指示灯不亮、动力系统故障警告灯点亮，且仪表信息区域显示"请检查动力系统"。经高级维修技师初步诊断，发现低压蓄电池和动力电池系统正常，判定电机驱动系统可能存在故障，现需要进行驱动电机检修，确认驱动电机是否正常。请学习相关知识，完成比亚迪 E5 驱动电机的检修任务。

知识储备

驱动电机是电机驱动系统的执行元件，是电能与机械能的转化部件。在纯电动汽车工作过程中，驱动电机承担着电动机和发电机的双重功能：当车辆驱动、加速行驶或匀速行驶时，驱动电机将电能转化为机械能，通过传动装置带动车辆行驶；当车辆减速或制动时，驱动电机将机械能转换为电能，通过电机控制器整流、滤波后给动力电池补充电能。应用在新能源汽车的驱动电机主要有永磁同步电机，这里主要介绍永磁同步驱动电机的结构和工作原理。

一、典型永磁同步驱动电机结构

永磁同步驱动电机是转子为永磁材料、定子为三相绕组的电机。这种电机具有高功率密度、宽调速范围、输出转矩大、驱动效率高等优点，且体积小、操控性好，是目前应用最为广泛的驱动电机。2018 款比亚迪 E5 配置的驱动电机是由比亚迪自主研发的交流无刷永磁同步电机,其额定功率 80 kW,最大功率 160 kW,最大输出转矩 310 N·m,从 0 加速到 100 km/h 时间小于 14 s,最高车速可达 130 km/h,可提供高转速和大转矩。这里以 2018 款比亚迪 E5 的驱动电机为例介绍永磁同步驱动电机结构及其特点。

(一) 典型永磁同步驱动电机结构

2018 款比亚迪 E5 配置的驱动电机结构简单、体积小、重量轻,主要由定子、转子、壳体、端盖、旋转变压器、温度传感器等组成,如图 2-3-1 所示。

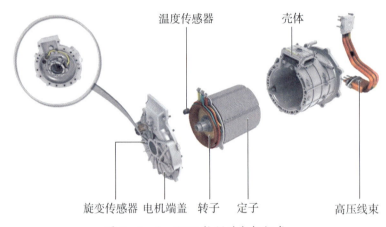

图 2-3-1 2018 款驱动电机组成

1. 定子

定子是驱动电机固定不动的部分,其作用是通电形成磁场。比亚迪 E5 驱动电机的定子主要由定子铁心和定子绕组构成,定子绕组外部有温度传感器线束接插器,而检测驱动电机温度的温度传感器嵌在定子的定子绕组内部,如图 2-3-2 所示。

(1) 定子铁心。定子铁心是定子中的导磁部件,它由多片硅钢片叠压而成,利用过盈配合工艺装配在驱动电机壳体内侧。在定子铁心硅钢片叠压过程中,须确保每个定子齿部的沟槽对齐,而定子绕组是从铁心的沟槽中穿过的。

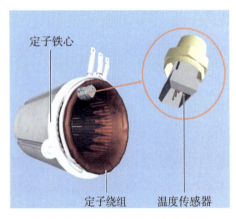

图 2-3-2 比亚迪 E5 定子结构

(2) 定子绕组。定子绕组即为定子线圈,作用是通电形成磁场。定子绕组是指由多个线圈或者线圈组通过不同的绕制方式构成的对称电路连接回路。比亚迪 E5 采用铜导线作为定子绕组,且每股定子绕组上都包裹一层漆质绝缘层。在驱动电机工作时,外部的电能通过高压线束连接到定子绕组的输入端子,定子绕组可以将输入的电能转换成磁能并作用在定子与转子之间的气隙中,从而带动转子旋转,最终转换为机械能提供驱动力。

2. 转子

驱动电机的转子内嵌在定子的中心位置,是驱动电机的旋转部件。2018款比亚迪E5的转子主要由转子铁心、永磁体和转轴等组成,如图2-3-3所示。这种驱动电机转子采用永磁体结构,所以转子本身自带磁场,不需要用电来生磁,能耗相对较低。比亚迪E5的转子是内置式永磁转子,这种结构的永磁体转子是嵌在转子铁心的沟槽中的,且为了防止永磁体的磁通通过转轴短路,在转轴与转子铁心间加装有隔磁材料。

（1）转子铁心。转子铁心也称为转子磁心,在驱动电机中起着举足轻重的作用。它用来增加电感线圈的磁通量,从而实现电磁功率的最大转换。转子铁心是驱动电机常用的抗干扰元件,对于高频噪声有很好的抑制作用,一般使用铁氧体材料制作。

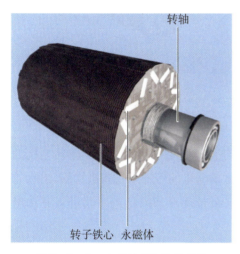

图2-3-3　比亚迪E5转子结构

图2-3-4　比亚迪E5转子铁心

根据磁极结构的不同,转子铁心分为实心钢结构型和钢片冲压结构型两种,比亚迪E5采用的永磁体为钢片冲压结构型转子铁心,如图2-3-4所示。这种结构的转子铁心由硅钢片或钢片冲制后叠压而成,永磁转子内部开有安装永磁体的槽,同时为防止永磁体磁通短路,在转子铁心的槽内可以填充隔磁材料。

（2）永磁体。转子的永磁体装配在转子铁心的沟槽中。比亚迪E5驱动电机有8对永磁体,如图2-3-5所示。一般制造永磁体的材料为钕铁硼磁钢,比亚迪E5驱动电机采用了稀土材料作为永磁体,这样转子重量减轻,电机的功率密度得到提高。

图2-3-5　比亚迪E5永磁体

(3) 转轴。转子的转轴主要用于支撑转子,转轴上还有轴承和轴承固定卡环。转子轴承固定在壳体上的轴承座内,用于支撑转轴总成;轴承固定卡环用于轴向固定,防止转轴轴向窜动,如图2-3-6所示。

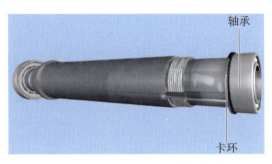

图2-3-6 比亚迪E5转轴结构

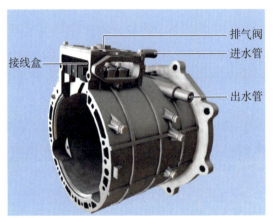

图2-3-7 比亚迪E5壳体结构

3. 壳体

驱动电机的壳体是固定定子和转子的支架,主要用于支撑驱动电机转子和定子,并防止灰尘进入驱动电机内部,保护转子和定子的铁心、绕组等部件。比亚迪E5驱动电机的壳体上有冷却水管、高压接线盒,如图2-3-7所示。驱动电机的冷却水管有进水管、出水管及壳体内的冷却管路。当驱动电机温度过高时,电动水泵带动冷却液从进水管进入驱动电机壳体,经冷却管路,最后从出水管出来,从而带走驱动电机高转速或大转矩运转时产生的热量,为驱动电机降温。高压接线盒将从电机控制器过来的三相交流导线与驱动电机定子绕组连接,从而给励磁绕组提供三相交流电。在接线盒的上盖处有个通气阀,用于驱动电机排气。

4. 端盖

驱动电机端盖为驱动电机的后端盖,从结构板上来说是驱动电机壳体的一部分,主要用于密封和防护驱动电机的定子和转子,也用于支撑驱动电机转子总成。所以驱动电机后盖上有轴承座孔、温度传感器和旋转变压器低压线束插接器的安装孔,如图2-3-8所示。

图2-3-8 比亚迪E5端盖结构

5. 旋转变压器

旋转变压器又称旋变传感器,是一种能转动的检测装置,主要用于检测驱动电机转子位置和转速,并将检测信号送给电机控制器。旋转变压器按照输出电压与转子转角的函数关系可分为正余弦旋转变压器、线型旋转变压器和比例式旋转变压器。比亚迪 E5 采用的是正余弦旋转变压器,如图 2-3-9 所示。这是电动汽车驱动电机上使用较多的磁阻式旋转变压器,它利用磁阻原理实现电信号之间的变换。这种电机可以检测驱动电机转子位置,并把检测结果传输给电机控制器,经解码可获知电机转速。

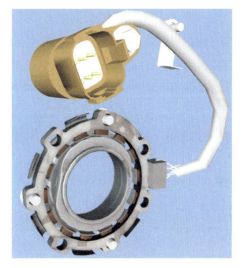

图 2-3-9 比亚迪 E5 旋转变压器

这种旋转变压器装在电机上,主要由转子和定子组成。转子非永磁材料制成,它是由驱动同步电机的永磁转子同轴带动旋转。定子主要由定子铁心和定子绕组组成:定子铁心由铁镍软磁合金或冲有槽孔的硅钢片叠成;定子绕组由三个绕组组成,分别为励磁绕组、正弦绕组、余弦绕组,对外共有 6 条引线。励磁绕组也称为原边绕组,就是一个励磁线圈;正、余弦绕组也称为副边绕组,就是两个正交的感应线圈。这种变压器的原边绕组与副边绕组都放在电机定子的不同槽内,且均固定不旋转,如图 2-3-10 所示。当驱动电机转子转动时,带动旋转变压器转子同速旋转,若此时旋转变压器的正弦绕组通入正弦形的励磁电流,利用磁阻原理会在副边绕组的正、余弦绕组中产生正、余弦电压信号。需要注意的是感应出的正弦及余弦电压信号为彼此相差 90°的电角度信号。

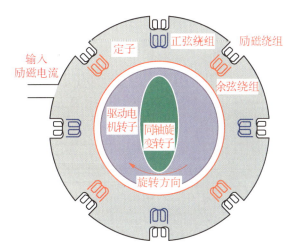

图 2-3-10 旋转变压器结构及位置示意图

旋转变压器信号的检测一般都需在线检测。旋转变压器的励磁信号是由 VTOG 控制器发出的,其正弦信号、余弦信号送入 VTOG 控制器,从而计算出电机的位置与转速,再根据位置信号确定 IGBT 的导通与关闭,从而控制电机的运行。可采用示波器来检查旋转变压器信号,在高压电控总成的低压接口位置进行检测。

上电后,在静止状态下测得旋转变压器信号波形。此时励磁绕组输入有正弦激磁电流,转子位于正上位且处于相对静止,正弦绕组有感应电压但余弦绕组无感应电压输出,如图 2-3-11 所示。黑色为励磁绕组信号,蓝色为正弦绕组信号,红色为余弦绕组信号。

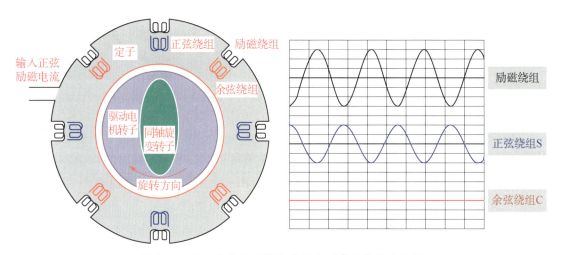

图 2-3-11 旋转变压器静止状态下感应信号示意图

当转子顺时针或逆时针旋转离开正上方位置时,转子与正弦绕组的位置逐渐离开,其正弦感应电压下降,而余弦绕组中产生的感应电压则逐步变大,但相位与正弦绕组的电压相反,与励磁绕组的相位相同。转子顺转时的感应电压如图 2-3-12 所示。

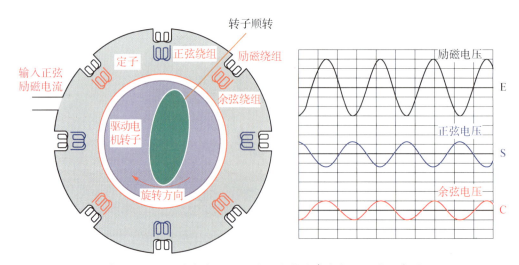

图 2-3-12 旋变变压器顺时针旋转时感应电压信号示意图

所以，利用这种旋转变压器能精细检测出驱动电机转子的瞬间位置、即时转速及旋转方向。

6. 温度传感器

驱动电机上的温度传感器有两个，一个是为检测驱动电机冷却液温度的冷却液温度传感器，一个是检测驱动电机定子绕组温度的定子绕组温度传感器，如图 2-3-13 所示。冷却液温度传感器检测到温度信号送给主控制器，主控制器根据这个信号控制电动水泵和散热器风扇的工作。检测驱动电机定子绕组温度的温度传感器，将检测到的驱动电机定子绕组温度送给电机控制器，电机控制器根据这个温度的信号保护驱动电机，避免过热。

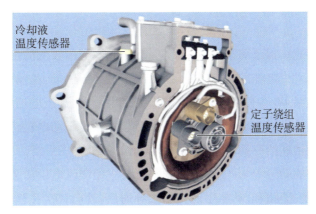

图 2-3-13 比亚迪 E5 驱动电机的两个温度传感器位置

不同车型的驱动电机的规格不同，可分为采用正温度系数或负温度系数的温度传感器。正温度系数传感器的电阻值会随着温度的升高而增大，随着温度的降低而较小；负温度系数传感器的电阻会随着温度的升高而减小，随着温度的降低而增大。比亚迪 E5 采用的是负温度系数温度传感器，这种温度传感器不直接测量转子温度，而是根据定子内的温度传感器测量值进行确定，其信号以模拟方式由电机控制器读取和分析。

（二）典型永磁同步驱动电机结构特点

比亚迪 E5 采用的永磁同步驱动电机为交流无刷永磁同步电机，其主要由转子、定子、壳体、后端盖，以及检测驱动电机转速、温度的旋转变压器和温度传感器等组成。其中，转子是内置式永磁转子。这种结构的永磁转子上，永磁体嵌装在转子铁心内部，铁心内开有安装永磁体的槽。其使用转子上的永磁体产生气隙磁场，而不是用励磁绕组产生气隙磁场，所以结构简单，损耗小，效率高。

这种驱动电机配置的是正余弦旋转变压器，以此来检测驱动电机转子位置，并把检测结果传输给电机控制器。且这款驱动电机上配置冷却液温度传感器和定子绕组温度传感器，用于检测电驱冷却系统冷却液和驱动电机的工作温度，作为主控制器控制电驱冷却系统的工作基本信息。

这种永磁同步电机综合了交流异步电机和电池励磁同步电机的优点,并获得较高的调速特性,可提高驱动电机的工作性能。

二、典型永磁同步驱动电机工作原理

2018 款比亚迪 E5 的驱动电机是驱动车辆的动力源,有电动机和发电机两种工作形式。当驱动电机作为电动机使用时,它将电能转换成机械能为车辆行驶提供驱动力;当驱动电机作为发电机使用时,它将机械能转换为电能进行发电,为动力电池补充电能。下面从车辆驱动过程和减速/制动过程,介绍 2018 款比亚迪 E5 驱动电机的驱动原理和发电原理。

1. 驱动原理

当驾驶员踩下加速踏板驱动车辆时,高压电控总成根据接收到的加速踏板的位置信号、驱动电机工况信号和动力电池的状态信号,判断出车辆需要驱动,且满足驱动条件。高压电控总成将驱动信号送给 BMS 控制动力电池输出高压电,同时高压电控总成内的电机控制器将动力电池的高压直流电逆变成三相交流电供给驱动电机,驱动电机将电能转换为机械能,动力通过减速器总成传递给驱动车轮,带动车辆行驶。

驱动电机具体的驱动过程为:电机控制器输出的三相交流电供给驱动电机的定子绕组,驱动电机内部的 U 相、V 相和 W 相中两相依次导通后,就会依次在驱动电机定子中的相应绕组产生磁场,如图 2-2-14 所示,断开之后再消失。整个工作过程就是电机控制器循环给驱动电机三相绕组供电形成定子绕组的闭合电路,所以在驱动电机气隙中产生旋转磁场,定子上的旋转磁场与转子上永磁体的磁极作用带动转子与定子上产生的旋转磁场同步旋转。

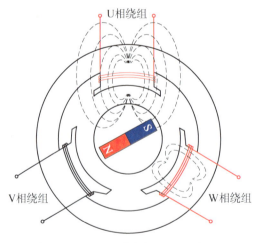

图 2-3-14 驱动电机——驱动原理

2. 发电原理

当驾驶员松开加速踏板/踩下制动踏板进行减速或制动时,高压电控总成根据接收到的加速踏板和制动踏板的位置信号和动力电池的状态信号,判断出车辆进入能量回收模式。高压电控总成内的控制器停止逆变三相交流电的转换和输出,此时驱动电机进入发电模式,将发出的三相交流电传递给电机控制器,电机控制器进行整流滤波后送给动力电池,给动力电池补充电能。

驱动电机具体的发电过程为:车辆减速或制动时,驱动轮通过减速器总成拖动永磁同步电机转子运转,旋转的永久转子的磁场,分别切割 U 相、V 相、W 相的定子绕组,利用电磁感应原理产生 U、V、W 三相交流电,如图 2-3-15 所示。

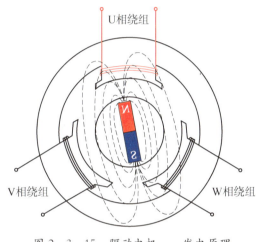

图 2-3-15 驱动电机——发电原理

三、驱动电机检修

纯电动汽车驱动电机检修可以分为就车检测和解体检测,一般就车检测前需要对驱动电机进行基本检查。

(一) 基本检查

(1) 目视检查驱动电机表面有无锈蚀、碰伤、划痕,涂覆层是否剥落,紧固件连接是否牢固。

(2) 目视检查旋转变压器插接器及温度传感器插接器有无破损,针脚有无弯曲变形。

(3) 目视检查驱动电机进出水管有无锈蚀、碰伤、变形等异常现象。

(4) 转动翻转台架,目视查找驱动电机总成标识上的工作电压、最大功率、最高转速、防护等级、绝缘等级、型号、最大转矩等信息。

(二) 就车检测

驱动电机就车检测前先安装车内防护三件套,拉起前机舱盖手柄,打开前机舱盖,安装车外防护三件套。就车检测一般包括诊断仪检测、绝缘检测和传感器检测三部分,这里主要介绍诊断仪检测和传感器检测。

1. 诊断仪检测

使用比亚迪 VDS2000 专用诊断仪套件对驱动电机进行检测。先连接诊断仪相关线束及 VCDI 无线诊断接口,打开诊断仪电源开关,进入比亚迪 E5 诊断系统。等待车辆通信完成以后,点击高压电控总成,进入模块数据读取页面,读取高压电控总成故障码。记录后清除故障码,然后重新读取故障码和相关数据流,判断驱动电机状态。

2. 传感器检测

传感器检测需要使用景格智能考训盒,因此检测前需安装好景格智能考训盒。这里传感器检测主要包括三部分:安装景格智能考训盒、温度传感器和旋转变压器检测、拆卸景格智能考训盒。

(1) 安装景格智能考训盒。断开低压蓄电池负极线缆,分别拆卸高压控制总成 64PIN 线束插接器和 32PIN 线束插接器,并安装景格智能考训盒 64PIN 线束插接器和景格智能考训盒 32PIN 线束插接器。装复蓄电池负极电缆和景格智能考训盒电源线,随后打开电源开关即可。

(2) 温度传感器和旋转变压器检测。① 使用红黑表笔检查电机温度传感器信号电压是否正常。温度传感器信号电压范围在 0.5~5 V 之间变化。

> **注意事项**
>
> 温度传感器检测条件:
>
> (1) 温度传感器为负温度系数热敏电阻,其工作电压为 5 V,信号电压随温度变化而变化,变化范围为 0.5~5 V 之间。
>
> (2) 温度传感器只有两根线,一根为搭铁线,另一根即是电源线,也是信号线。检测温度传感器电源电压需要在温度传感器回路断开的情况下进行,即断开温度传感器与高压电控总成之间的接插器;检测温度传感器的信号电压需要在温度传感器回路连接正常情况下进行。

② 关闭车辆电源开关。

③ 选用万用表,调整至电阻测试挡,连接红黑表笔,检查驱动电机励磁绕组电阻值是否正常,正常值应在 $(7\pm2)\Omega$ 范围内。

④ 连接红黑表笔,检查驱动电机正弦绕组电阻值是否正常,正常值应在 $(15\pm2)\Omega$ 范围内。

⑤ 连接红黑表笔,检查驱动电机余弦绕组电阻值是否正常,正常值应在 $(15\pm2)\Omega$ 范围内。

⑥ 连接红黑表笔,检查驱动电机温度传感器电阻值是否正常,正常值应在 $(1\sim10)\Omega$ 范围内随温度变化而变化。

⑦ 选用示波器电压测试挡,连接红黑表笔,检测正弦绕组的波形及余弦绕组的波形,调试波形位置与单位。

旋转变压器信号波形检测条件:

(1) 旋转变压器信号的检测需要在线检测,应该在驱动电机旋转变压器线束插接器正常连接时进行。

(2) 检测旋转变压器信号波形,应确保驱动电机正常运转。

(3) 拆卸景格智能考训盒。关闭适配器电源开关,并断开低压蓄电池负极电缆,拆卸景格智能考训盒车辆电源线束及电池正负极线束夹。分别拆卸景格智能考训盒 32PIN 线束插接器和 64PIN 线束插接器,并安装高压电控总成 32PIN 线束插接器和 64PIN 线束插接器。装复低压蓄电池负极电缆插接器。

(三) 解体检测

驱动电机解体检测主要包括三部分内容,分别是驱动电机三相绕组检测、绝缘检测及温度传感器检测。

1. 驱动电机三相绕组检测

① 选用数字电桥或万用表并打开电源开关。

② 将数字电桥或万用表挡位切换至电阻测试挡位,连接动力电池 A 相和 B 相端子,测试 AB 相绕组的串联电阻值,待数值稳定后记录电阻值。

③ 将数字电桥挡位切换至电感测试挡位,连接动力电池 A 相和 B 相端子,测试 AB 相绕组的串联电感值,待数值稳定后记录电感值。

④ 以同样方法测量 AC 相绕组的串联电阻值和电感值,以及 BC 相绕组的串联电阻值和电感值。

⑤ 对比三组数据的均衡情况,通常工况下,三相绕组电阻电感值不均衡性应不大于 5%。

若三组数据中有一组数据明显与另两组数据有差别,应用以下方法判断:

(1) 驱动电机连接方式为星形连接,其中一相绕组存在故障,会影响两组测量数据。

(2) 例如:AB 相测试数据为 $0.0168\,\Omega$,BC 相测量数据为 $0.0159\,\Omega$,AC 相测量数据为 $0.0356\,\Omega$,则可推断出 B 相绕组可能存在匝间短路现象,需要进一步拆解检修。

2. 绝缘检测

（1）拆下驱动电机后端盖，确保驱动电机三相绕组 U、V、W 连接正常。

（2）选用数字兆欧表，调整测试挡位至 1 000 V 测试挡，将红色表笔连接驱动电机 U 相高压输入端子，黑色表笔连接驱动电机壳体，打开测试按钮开始测试。等待数值稳定后记录数值，一般绝缘电阻值应≥20 MΩ。以同样的方法检测驱动电机 V 相和 W 相高压输入端子绝缘值。

不同车型驱动电机的绝缘电阻值不同，建议查阅相关专业技术资料确认绝缘电阻值。

3. 温度传感器检测

将万用表的红黑表笔分别连接至驱动电机温度传感器线束插接器的 1 号和 4 号针脚，测量驱动电机温度传感器电阻值。若测量值与标准值不符，则说明驱动电机温度传感器存在故障，需维修或更换新的温度传感器。

温度传感器为正温度系数热敏电阻或负温度系数热敏电阻，不同温度下温度传感器的电阻值不同，建议查阅相关专业技术资料，根据温度条件确认温度传感器电阻值。

实训 1　永磁同步驱动电机检修（比亚迪 E5）

请扫描二维码，查看"永磁同步驱动电机检修（比亚迪 E5）"技能视频，结合视频内容及相关资料，规范地完成永磁同步驱动电机检修（比亚迪 E5）的实训。

永磁同步驱动电机检修（比亚迪 E5）

◆ 实训准备

（1）设备：2019 款比亚迪 E5、举升工位。

（2）工具：①常用工具：150 件工具套装、绝缘工具套件、车内车外防护三件套；②测量工具：万用表、示波仪、数字电桥；③专用工具：景格智能考训盒、比亚迪 VDS2000。

（3）防护用品：工作服、手套、高压绝缘手套。

（4）资料：维修手册、技能视频、学习工作页。

◆ **安全操作规范**

（1）实训操作前，请穿戴好个人安全防护用品。

（2）准备好实训所需设备及工具。

（3）操作中，请正确选择并规范地使用相关拆装和测量工具。

◆ **实训步骤**

一、驱动电机在线检测

1. 检修前准备

（1）进入车内安装车内防护三件套。

（2）拉起前机舱盖手柄，如图 2-3-16 所示，打开前机舱盖，安装车外防护三件套。

图 2-3-16　前机舱盖手柄

图 2-3-17　连接 VCDI 无线诊断接口

2. 驱动电机在线检测

（1）取出比亚迪 VDS2000 专用诊断仪套件，连接诊断仪相关线束。

（2）连接 VCDI 无线诊断接口，如图 2-3-17 所示。

（3）打开比亚迪专用诊断仪电源开关。

（4）待电源开启后，进入比亚迪 E5 诊断系统。

（5）等待车辆通信完成以后，点击高压电控总成，进入模块数据读取页面，读取高压电控总成故障码。

（6）记录后清除故障码。

（7）重新读取故障码和相关数据流，判断驱动电机状态。

二、驱动电机低压控制系统检测

1. 安装景格智能考训盒

(1) 断开低压蓄电池负极线缆。

(2) 拆卸高压电控总成64PIN线束插接器,如图2-3-18所示。

(3) 安装景格智能考训盒64PIN线束插接器,如图2-3-19所示。

图2-3-18 拆卸高压电控总成64PIN插接器　　图2-3-19 安装景格智能考训盒64PIN插接器

(4) 拆卸高压电控总成32PIN线束插接器。

(5) 安装景格智能考训盒32PIN线束插接器。

(6) 装复蓄电池负极电缆,如图2-3-20所示。

(7) 安装电源正极线束夹和负极线束夹,如图2-3-21所示。

图2-3-20 装复蓄电池负极电缆　　图2-3-21 安装电源正负极线束夹

(8) 安装景格智能考训盒电源线。

(9) 打开电源开关。

2. 温度传感器和旋转变压器检测

(1) 使用红表笔连接B28(A)/15,黑表笔连接车身搭铁,如图2-3-22所示,检查电机温度传感器供电是否正常。

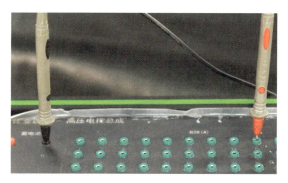

图 2-3-22　检查电机温度传感器

（2）选用万用表，并调整至电阻测试挡，使用红表笔连接 B28(A)/60，黑表笔连接 B28(A)/59，检查驱动电机励磁绕组电阻值是否正常，正常值应在(7±2)Ω 范围内。

（3）使用红表笔连接 B28(A)/63，黑表笔连接 B28(A)/64，检查驱动电机正弦绕组电阻值是否正常，正常值应在(15±2)Ω 范围内。

注意事项

(1) 正常值应随温度变化在 0.5～5 V 之间变化。

(2) 若供电电压过低，则说明高压电控总成存在故障，需进一步检修高压电控总成。

（4）使用红表笔连接 B28(A)/61，黑表笔连接 B28(A)/62，检查驱动电机余弦绕组电阻值是否正常，正常值应在(15±2)Ω 范围内。

（5）使用红表笔连接 B28(A)/15，黑表笔连接 B28(A)/29，检查驱动电机温度传感器电阻值是否正常，正常值应在 1～10 Ω 范围内随温度变化而变化。

（6）选用示波器电压测试挡，开启电源开关，使用红表笔连接 B28(A)/60，黑表笔连接 B28(A)/59，检测正弦绕组的波形，调试波形位置与单位之后，若波形是正弦波形，则为标准波形，如图 2-3-23 所示。以同样方法检测余弦绕组的波形，余弦绕组的波形为标准余弦波。

3. 拆卸景格智能考训盒

（1）关闭适配器电源开关。

（2）拆卸景格智能考训盒车辆电源线束。

（3）拆卸电池正负极线束夹。

（4）拆卸景格智能考训盒 32PIN 线束插接器。

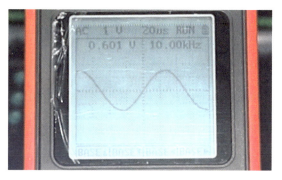

图 2-3-23　正弦绕组的标准波形

(5) 安装高压电控总成 32PIN 线束插接器。

(6) 拆卸景格智能考训盒 64PIN 线束插接器。

(7) 安装高压电控总成 64PIN 线束插接器。

(8) 装复低压蓄电池负极电缆插接器。

三、驱动电机高压系统检测

1. 检测前准备

(1) 断开蓄电池负极电缆,如图 2-3-24 所示。

(2) 拆卸车辆高压维修开关,如图 2-3-25 所示。

图 2-3-24　断开蓄电池负极电缆

图 2-3-25　拆卸车辆高压维修开关

(3) 拆卸高压电控总成,如图 2-3-26 所示。

(4) 拆卸驱动电机总成,如图 2-3-27 所示。

图 2-3-26　拆卸高压电控总成

图 2-3-27　拆卸驱动电机总成

2. 驱动电机绝缘测试

选用数字兆欧表,调整测试挡位至 1 000 V 测试挡。将红表笔连接驱动电机 A 相高压输入端子,如图 2-3-28 所示;黑表笔连接车身搭铁,如图 2-3-29 所示。打开测试按钮开始测试,等待数值稳定后记录数值。以同样的方法检测驱动电机 B 相和 C 相高压输入端子绝缘值。

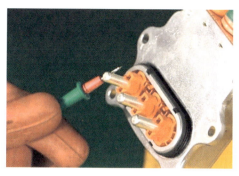

图 2-3-28　红表笔连接驱动电机 A 相

图 2-3-29　黑表笔连接车身搭铁

注意事项

绝缘测试结果应大于 20 MΩ,若低于此数值则说明高压电控总成存在绝缘故障。

3. 驱动电机三相绕组检测

（1）选用数字电桥,开启数字电桥电源开关。

（2）将数字电桥挡位切换至电阻测试挡位,分别使用数字电桥红色和黑色检测钳,连接驱动电机 A 相和 B 相端子,如图 2-3-30 所示,测试 AB 相绕组的串联电阻值,待数值稳定后记录电阻值。

（3）将数字电桥挡位切换至电感测试挡位,分别使用数字电桥红色和黑色检测钳,连接驱动电机 A 相和 B 相端子,测试 AB 相绕组的串联电感值,待数值稳定后记录电感值。

图 2-3-30　数字电桥连接驱动电机 A 相和 B 相

（4）以相同方法测量 AC 相绕组的串联电阻值和电感值,以及 BC 相绕组的串联电阻值和电感值。

（5）对比三组数据的均衡情况,通常工况下,三相绕组电阻电感值不均衡性应不大于 5%。

（6）若三组数据中有一组数据与另两组数据有明显差别,应用以下方法判断:

① 驱动电机连接方式为星形连接,如图 2-3-31 所示,其中一相绕组存在故障,会影响两组测量数据。

② 例如:AB 相测试数据为 0.016 8 Ω,BC 相测量数据为 0.015 9 Ω,AC 相测量数据为 0.035 6 Ω,如图 2-3-31 所

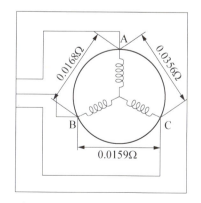

图 2-3-31　驱动电机连接方式

示,则可推断出 B 相绕组可能存在匝间短路现象,需要进一步拆解检修。

◆ 整理清洁

(1) 使用 VDS2000 专用诊断仪清除整车故障码。
(2) 取下 VCDI 无线诊断接口。
(3) 取下车内车外三件套。
(4) 起动车辆检查车辆情况。
(5) 按照 7S 管理标准,整理工具、场地和设备。

实训 2　永磁同步驱动电机拆解与检测(比亚迪 E5)

请查看"永磁同步驱动电机拆解与检测(比亚迪 E5)"相关技能视频,结合视频内容及资料,规范完成永磁同步驱动电机拆解与检测(比亚迪 E5)的相关实训。

◆ 实训准备

(1) 设备:驱动电机总成拆检实训台。
(2) 工具:①常用工具:150 件工具套装、指针式扭力扳手、定扭扳手、橡胶锤、刮刀;②测量工具:数字电桥、数字兆欧表、万用表;③专用工具:电机转子拆装专用工具、安全凳。
(3) 防护用品:劳保鞋、劳保手套。
(4) 资料:维修手册、技能视频、学习工作页。

◆ 安全操作规范

(1) 实训操作前,请穿戴好个人安全防护用品。
(2) 准备好实训所需设备及工具。
(3) 操作中,请正确选择并规范地使用相关拆装和测量工具。

永磁同步驱动电机拆解与检测(比亚迪 E5)-01 驱动电机分解

◆ 实训步骤

一、驱动电机分解

1. 检查驱动电机总成

(1) 目视检查驱动电机表面有无锈蚀、碰伤、划痕,涂覆层是否剥落,紧固件连接是否牢固。
(2) 目视检查旋转变压器插接器及温度传感器插接器有无破损,针脚有无弯曲变形,如图 2-3-32 所示。

图 2-3-32 检查插接器

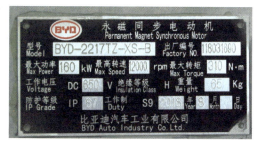

图 2-3-33 驱动电机总成标识

(3) 目视检查驱动电机进出水管有无锈蚀、碰伤、变形等异常现象。

(4) 转动翻转台架,目视查找驱动电机总成标识上的工作电压、最大功率、最高转速、防护等级、绝缘等级、型号、最大转矩等信息,如图 2-3-33 所示。

2. 安装电机转子拆装专用工具

(1) 调整翻转台架至驱动电机总成处于水平位置,如图 2-3-34 所示。

(2) 使用 8 mm 套筒接杆棘轮扳手组合工具,拆卸旋转变压器器件端上的固定螺栓。

(3) 使用 8 mm 套筒接杆棘轮扳手组合工具,拆卸温度传感器器件端上的固定螺栓。

(4) 拆卸旋转变压器线束插接器,并拔下旋转变压器的插接件,将旋转变压器器件端放置合适位置,如图 2-3-35 所示。

图 2-3-34 调整翻转台架

(5) 拆卸温度传感器线束插接器,将温度传感器器件端放置合适位置,如图 2-3-36 所示。

图 2-3-35 拆卸旋转变压器线束插接器

图 2-3-36 拆卸温度传感器线束插接器

(6) 安装电机转子拆装专用工具至驱动电机前端盖上,并将安全凳放置于电机转子拆装专用工具下方,如图 2-3-37 所示。

图 2-3-37 安装电机转子拆装专用工具

在安装电机转子拆装专用工具时,需将安全凳放置于电机转子拆装专用工具下方,以确保安装电机转子拆装专用工具过程中,与驱动电机转子处于同一轴心线上。

(7) 安装电机转子拆装专用工具固定支架上的 4 颗固定螺栓。

(8) 使用 19 mm 套筒接杆棘轮扳手组合工具安装电机转子拆装专用工具固定支架上的固定螺栓。

(9) 使用 19 mm 套筒接杆定扭扳手组合工具,成对角线紧固电机转子拆装专用工具固定支架上的固定螺栓至规定力矩,规定力矩为 20 N·m。

(1) 安装电机转子拆装专用工具时,需两人同时操作,以防止设备掉落损坏。

(2) 在安装电机转子拆装专用工具时,需确保固定支架中心孔、旋转挺杆轴线与电机转子轴线处于同一水平线上。

(3) 电机转子拆装专用工具安装完毕后,需确认安装到位,牢固可靠。

图 2-3-38 安装驱动电机后端盖固定支架

(10) 固定滑台两侧的固定旋钮,并将其推至驱动电机后端盖合适位置,安装驱动电机后端盖固定支架上的 4 颗固定螺栓,如图 2-3-38 所示。

(11) 使用 17 mm 套筒接杆棘轮扳手组合工具安装驱动电机后端盖固定支架上的 4 颗固定螺栓。

（12）使用 17 mm 套筒接杆定扭扳手组合工具，成对角线紧固驱动电机后端盖固定支架上的固定螺栓至规定力矩，规定力矩为 20 N·m。

（13）拆卸安全凳并放置合适位置。

3. 拆卸驱动电机后端盖

（1）检查驱动电机后端盖，检查固定滑台两侧的固定旋钮是否解锁。

（2）使用 13 mm 套筒接杆指针式扭力扳手组合工具，成对角线预松驱动电机后端盖上的 3 颗固定螺栓，如图 2-3-39 所示。

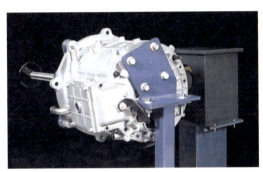

图 2-3-39 预松驱动电机后端盖上的固定螺栓

驱动电机拆检实训台为方便拆装，把驱动电机后端盖上的 15 颗固定螺栓替换为 3 颗经淬火加工后的固定螺栓，安装驱动电机后端盖时，通过紧固固定螺栓将驱动电机后端盖安装到位。

（3）使用 13 mm 套筒接杆依次拆卸驱动电机后端盖上的 3 颗固定螺栓。

（4）使用橡胶锤轻击驱动电机后端盖至其松动。

由于驱动电机后端盖采用端面密封，因此在敲击驱动电机后端盖时需要使用橡胶锤，且均匀敲击驱动电机后端盖的四周边缘位置，使驱动电机后端盖松动。

4. 拆卸驱动电机转子

（1）顺时针转动电机转子拆装专用工具旋转手柄、电机转子拆装专用工具挺杆，推动驱动电机转子及后端盖向外移动，当驱动电机后端盖与驱动电机壳体分离 2 cm 左右时，如图 2-3-40 所示，停止操作。

（2）将旋转变压器线束插接器和温度传感器线束插接器放入驱动电机后端盖安装孔内。

注意事项

（1）转动电机转子拆装专用工具旋转手柄时，需确保驱动电机后端盖固定螺栓已拆卸完毕，以防止未拆卸螺栓而顶坏驱动电机后端盖。

（2）驱动电机总成与驱动电机后端盖分离时，检查电机温度传感器线束是否正常脱离后端盖安装孔，以免造成线束损坏。

（3）继续顺时针转动电机转子拆装专用工具旋转手柄，电机转子拆装专用工具挺杆推动驱动电机转子及后端盖向外移动，直至驱动电机转子与驱动电机定子分离。

图2-3-40　驱动电机后端盖分离

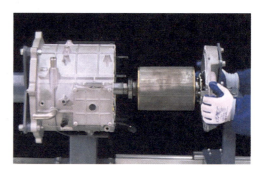
图2-3-41　向后拉动驱动电机后端盖固定滑台

（4）向后拉动驱动电机后端盖固定滑台至合适位置，如图2-3-41所示，并锁止滑台两侧的固定旋钮。

二、驱动电机解体后检测

1. 驱动电机内部检查

永磁同步驱动电机拆解与检测（比亚迪E5）-02 驱动电机解体后检测

（1）目视检查驱动电机三相电缆，有无老化、烧蚀、腐蚀等异常现象。

（2）用手轻微晃动驱动电机U、V、W三相绕组线束，检查驱动电机三相绕组是否固定牢固，如图2-3-42所示。

（3）目视检查电机定子绕组是否有锈迹、漆包线是否有破损等异常现象。

（4）目视检查温度传感器线束插接件有无损伤、有无异物塞入等异常现象。

（5）目视检查驱动电机定子硅钢片是否有脱落异物，隔层纸是否有破损、刮损、锈蚀等异常现象。

（6）目视检查驱动电机后端盖壳体有无裂纹、破损等异常现象。

（7）用手转动驱动电机转子上的前轴承，检查驱动电机前轴承是否有异物，转动是否灵活，是否有刮损等异常现象。

图 2-3-42 驱动电机内部检查

图 2-3-43 驱动电机转子检查

(8) 用手转动驱动电机转子上的后轴承,检查驱动电机后轴承是否有异物,转动是否灵活,是否有刮损等异常现象。

(9) 目视检查驱动电机前轴承座是否有异物,是否有刮损等异常磨损现象。

(10) 用手转动驱动电机转子,目视检查驱动电机转子磁极是否有刮损、裂痕,强磁铁与硅钢片是否脱离,极性之间是否有裂缝、锈蚀等异常现象,如图 2-3-43 所示。

(11) 目视检查旋转变压器线束插接件有无损伤,有无异物塞入等异常现象。

(12) 用手轻轻晃动旋转变压器线束插接件,目视检查连接插头是否有松动,线束是否有断裂、破皮、烧结等异常现象。

2. 驱动电机绝缘电阻检测

(1) 取出数字兆欧表,对数字兆欧表进行校表,并检测数字兆欧表是否正常可用。

(2) 使用 8 mm 套筒接杆棘轮扳手组合工具,拆卸三相线束固定螺栓,如图 2-3-44 所示。

图 2-3-44 拆卸三相线束固定螺栓

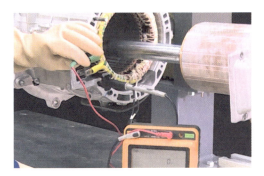
图 2-3-45 连接数字兆欧表

(3) 将数字兆欧表调至 1 000 V 测试挡,数字兆欧表黑表笔连接驱动电机壳体,红表笔连接三相绕组的 W 相绕组,如图 2-3-45 所示。按下测试按钮,检测驱动电机 W 相绕组端子之间的绝缘电阻。待数值稳定后,读取绝缘数值。若测量值与标准值不符,则说明驱动电机

W 相绕组端子之间存在绝缘故障，需更换新的驱动电机。

检测内容	检测条件	标准值
W 相绕组—驱动电机壳体	数字兆欧表调至 1 000 V 测试挡	>20 MΩ

（4）数字兆欧表黑表笔连接驱动电机壳体，红表笔连接三相绕组的 V 相绕组，按下测试按钮，检测驱动电机 V 相绕组端子之间的绝缘电阻。待数值稳定后，读取绝缘数值。若测量值与标准值不符，则说明驱动电机 V 相绕组端子之间存在绝缘故障，需更换新的驱动电机。

检测内容	检测条件	标准值
V 相绕组—驱动电机壳体	数字兆欧表调至 1 000 V 测试挡	>20 MΩ

（5）数字兆欧表黑表笔连接驱动电机壳体，红表笔连接三相绕组的 U 相绕组，按下测试按钮，检测驱动电机 U 相绕组端子之间的绝缘电阻。待数值稳定后，读取绝缘数值。若测量值与标准值不符，则说明驱动电机 U 相绕组端子之间存在绝缘故障，需更换新的驱动电机。

检测内容	检测条件	标准值
U 相绕组—驱动电机壳体	数字兆欧表调至 1 000 V 测试挡	>20 MΩ

3. 驱动电机三相绕组电阻检测

（1）取出数字电桥，对数字电桥进行校表，并检查数字电桥是否正常可用。

（2）数字电桥红黑表笔分别连接 W 相端子和 V 相端子，测量驱动电机 W、V 相绕组电阻值，标准电阻值应<1Ω。若测量值与标准值不符，则说明驱动电机三相绕组存在故障，需维修或更换新的驱动电机。

（3）数字电桥红黑表笔分别连接 V 相端子和 U 相端子，测量驱动电机 V、U 相绕组电阻值，标准电阻值应<1Ω。若测量值与标准值不符，则说明驱动电机三相绕组存在故障，需维修或更换新的驱动电机。

（4）数字电桥红黑表笔分别连接 W 相端子和 U 相端子，测量驱动电机 W、U 相绕组电阻值，标准电阻值应<1Ω。若测量值与标准值不符，则说明驱动电机三相绕组存在故障，需维修或更换新的驱动电机。

(1) 三相绕组电阻值会随温度的不同而在0.2~1.2Ω之间变化。

(2) 三相绕组的电阻值应该是相近的,若三相阻值差距较大,则说明驱动电机定子绕组存在故障。

(5) 使用8 mm套筒接杆组合工具,安装三相线束固定螺栓。

(6) 使用8 mm套筒接杆定扭扳手组合工具,紧固三相线束固定螺栓至15 N·m。

4. 驱动电机旋转变压器电阻及阻抗检测

(1) 取用万用表,对万用表进行校表,并检查万用表是否正常可用。将万用表红黑表笔分别连接至旋转变压器线束插接器的3号和6号针脚,如图2-3-46所示,测量旋转变压器励磁绕组之间的电阻值。标准电阻值为6Ω左右。若测量值与标准值不符,则说明驱动电机旋转变压器存在故障,需维修或更换新的旋转变压器。

图2-3-46 测量旋转变压器励磁绕组之间电阻值

(2) 将万用表红黑表笔分别连接至旋转变压器线束插接器的2号和5号针脚,测量旋转变压器正弦绕组之间的电阻值。若测量值与标准值不符,则说明驱动电机旋转变压器存在故障,需维修或更换新的旋转变压器。

检测内容	标准值
旋转变压器线束插接器2号—5号针脚	14Ω左右

(3) 将万用表红黑表笔分别连接至旋转变压器线束插接器的1号和4号针脚,测量旋转变压器余弦绕组之间的电阻值。若测量值与标准值不符,则说明驱动电机旋转变压器存在故障,需维修或更换新的旋转变压器。

检测内容	标准值
旋转变压器线束插接器1号—4号针脚	12Ω左右

(4)将数字电桥调整至阻抗测试挡。

测试时,数字电桥表频率需设置为 10 kHz。

(5)将数字电桥红黑表笔分别连接至旋转变压器线束插接器的 3 号和 6 号针脚,测量旋转变压器励磁绕组之间的阻抗值。若测量值与标准值不符,则说明驱动电机旋转变压器存在故障,需维修或更换新的旋转变压器。

检测内容	标准值
旋转变压器线束插接器 3 号—6 号针脚	(50±24)Ω

(6)将数字电桥红黑表笔分别连接至旋转变压器线束插接器的 2 号和 5 号针脚,测量旋转变压器正弦绕组之间的阻抗值。若测量值与标准值不符,则说明驱动电机旋转变压器存在故障,需维修或更换新的旋转变压器。

检测内容	标准值
旋转变压器线束插接器 2 号—5 号针脚	(150±42)Ω

(7)将数字电桥红黑表笔分别连接至旋转变压器线束插接器的 1 号和 4 号针脚,测量旋转变压器余弦绕组之间的阻抗值。若测量值与标准值不符,则说明驱动电机旋转变压器存在故障,需维修或更换新的旋转变压器。

检测内容	标准值
旋转变压器线束插接器 1 号—4 号针脚	(150±42)Ω

5. 驱动电机温度传感器电阻检测

将万用表红黑表笔分别连接至驱动电机温度传感器线束插接器的 1 号和 4 号针脚,如图 2-3-47 所示,测量驱动电机温度传感器电阻值。若测量值与标准值不符,则说明驱动电机温度传感器存在故障,需维修或更换新的温度传感器。

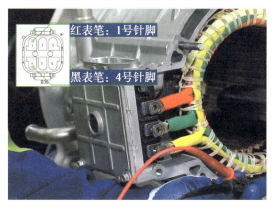

图 2-3-47 测量驱动电机温度传感器电阻值

检测内容	标准值
温度传感器线束插接器 1 号—4 号针脚	93.56 kΩ 左右

驱动电机冷却液温度设置为 30℃。

三、驱动电机组装

1. 安装驱动电机转子

（1）安装驱动电机吊耳，如图 2-3-48 所示。

永磁同步驱动电机拆解与检测（比亚迪 E6）-03 驱动电机组装

图 2-3-48 安装驱动电机吊耳

（2）使用 13 mm 套筒接杆组合工具安装驱动电机吊耳固定螺栓。

（3）使用 13 mm 套筒接杆定扭扳手组合工具紧固驱动电机吊耳固定螺栓至规定力矩 20 N·m。

(4) 使用刮刀清除驱动电机后端盖上的密封胶。

(5) 使用刮刀清除驱动电机定子端盖上的密封胶。

(6) 使用干净抹布清洁驱动电机后端盖及定子两侧残余密封胶。

注意事项

(1) 驱动电机两端盖上的密封胶需要清除干净,以防止降低涂抹新密封胶后的密封效果。在使用抹布擦拭时,切勿把残余密封胶掉落到驱动电机定子内侧或转子上。

(2) 在使用刮刀清洁密封胶时需谨慎小心,切勿划伤漆包线。

(7) 将新密封胶均匀涂抹在驱动电机后端盖内侧的安装位置上。

(8) 将新密封胶均匀涂抹在驱动电机壳体安装位置上,如图 2-3-49 所示。

图 2-3-49 涂抹密封胶

图 2-3-50 电机转子滚动轴承与旋转挺杆对齐

注意事项

密封胶应呈线条状,无明显断开,螺纹孔处密封胶需沿螺纹孔内侧涂抹。

(9) 打开驱动电机后端盖固定滑台两侧的固定旋钮,将驱动电机后端盖固定滑台移动至合适位置,确保电机转子的滚动轴承中心轴线与转子拆装专用工具的旋转挺杆中心轴线对齐,如图 2-3-50 所示。

注意事项

在使电机转子的滚动轴承与旋转挺杆对齐时,需确保旋转挺杆的轴线与滚动轴承轴线处于同一轴线上。

（10）两人合作完成实训操作，一人逆时针转动旋转挺杆，一人推动驱动电机后端盖固定滑台，确保驱动电机后端盖随着旋转挺杆移动，且缓慢向前移动，如图 2-3-51 所示。

（11）当驱动电机后端盖与驱动电机转子存在一定距离时，暂停推动驱动电机后端盖。

（12）安装旋转变压器线束插接器和温度传感器线束插接器至驱动电机后端盖上的圆形安装孔侧，如图 2-3-52 所示。

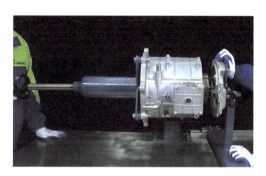 

图 2-3-51　后端盖随着旋转挺杆向前移动　　图 2-3-52　安装旋转变压器和温度传感器线束插接器

（13）一人继续逆时针转动旋转挺杆，另一人继续推动驱动电机后端盖固定滑台，直至驱动电机后端盖与驱动电机装到位。

（1）需要确定旋转变压器线束插接器和温度传感器线束插接器均从驱动电机后端盖上的圆形安装孔里穿过，以防止在安装驱动电机后端盖过程中夹坏旋转变压器线束插接器和温度传感器线束插接器。

（2）当驱动电机后端盖推至距离壳体 1cm 左右时，应暂停操作，后续需使用固定螺栓将驱动电机后端盖安装到位。

2. 驱动电机后端盖安装

（1）使用 13 mm 套筒接杆组合工具安装驱动电机后端盖上的 3 颗固定螺栓。

（2）使用 13 mm 套筒接杆定扭扳手组合工具，按照对角线顺序紧固驱动电机后端盖上的 3 颗固定螺栓至规定力矩，规定力矩为 15 N·m。

注意事项

在紧固驱动电机后端盖固定螺栓时，驱动电机后端盖会随着固定螺栓紧固而安装到位。在螺栓紧固过程中，需按照对角线顺序紧固驱动电机后端盖固定螺栓，以防损坏驱动电机后端盖。

3. 拆卸电机转子拆装专用工具

（1）将安全凳放置于电机转子拆装专用工具下方。

（2）使用 17 mm 套筒接杆指针式扭力扳手组合工具，成对角线拆卸驱动电机后端盖固定支架上的 4 颗固定螺栓。

（3）使用 17 mm 套筒接杆组合工具，拆卸驱动电机后端盖固定支架上的 4 颗固定螺栓，并放置到合适位置。

（4）向外推动驱动电机后端盖固定支架至合适位置，并锁止滑台两侧固定旋钮。

（5）使用 19 mm 套筒接杆指针式扭力扳手组合工具，拆卸电机转子拆装专用工具上的 4 颗固定螺栓。

（6）拆卸电机转子拆装专用工具，撤去安全凳，将二者放置于合适位置。

（7）安装温度传感器线束插接器和旋转变压器线束插接器。

（8）将温度传感器线束插接器和旋转变压器线束插接器安装至驱动电机后端盖的合适位置上。

（9）使用 8 mm 套筒接杆棘轮扳手组合工具安装温度传感器线束插接器和旋转变压器线束插接器的固定螺栓。

（10）使用 8 mm 套筒接杆定扭扳手组合工具紧固温度传感器线束插接器和旋转变压器线束插接器的固定螺栓至规定力矩，规定力矩为 126 N·m。

◆ 整理清洁

按照 7S 管理标准，整理工具、场地和设备。

本任务以 2018 款比亚迪 E5 为例介绍了典型永磁同步驱动电机结构原理及典型驱动电机检修。

2018 款比亚迪 E5 配置的驱动电机是由比亚迪自主研发的交流无刷永磁同步电机，其主要由定子、转子、壳体、端盖、温度传感器和旋转变压器等组成。它的转子是内置式永磁转子，这种结构的永磁转子上，永磁体嵌装在转子铁心内部，铁心内开有安装永磁体的槽。可以用转子上的永磁体产生气隙磁场，而不是用励磁绕组产生气隙磁场，所以结构简单，损耗小，效率高。

2018 款比亚迪 E5 的驱动电机是驱动车辆的动力源，有电动机和发电机两种工作形式。当驱动电机作为电动机使用时，它将电能转换成机械能为车辆行驶提供驱动力；当驱动电机作为发电机使用时，它将机械能转换为电能进行发电，为动力电池补充电能。

纯电动汽车比亚迪 E5 驱动电机检修包括基本检查、就车检测和解体检测三部分内容。

基本检查主要是通过目视对驱动电机表面进行的检查;就车检测主要利用电脑诊断仪和万用表等检测工具对驱动电机进行在线检测和信号电压的检测;解体检测主要是对拆卸下来的驱动电机进行三相绕组检测、绝缘检测和温度传感器的检测。

本任务包括永磁同步驱动电机检修(比亚迪 E5)和永磁同步驱动电机拆解与检测两个实训任务。其中永磁同步驱动电机检修主要分驱动电机在线检测、驱动电机低压控制系统检测和驱动电机高压系统检测三步;永磁同步驱动电机拆解与检测主要通过驱动电机分解、驱动电机解体后检测和驱动电机组装三步进行。

一、判断题

1. 纯电动汽车的驱动电机有电动机和发电机的双重功能。（   ）
2. 当车辆驱动时,驱动电机将机械能转化为电能。（   ）
3. 当车辆减速或制动时,驱动电机发出三相交流电,通过电机控制器整流、滤波后给动力电池补充电能。（   ）
4. 2018 款比亚迪 E5 驱动电机采用的是交流无刷永磁同步电机。（   ）
5. 2018 款比亚迪 E5 驱动电机上只有检测冷却液温度的温度传感器。（   ）
6. 永磁同步电机的转子通电形成磁场。（   ）

二、选择题

1. 2018 款比亚迪 E5 驱动电机(   )有进出水管和冷却水道。【单选题】
   A. 定子　　　　　B. 转子　　　　　C. 壳体　　　　　D. 端盖
2. 2018 款比亚迪 E5 驱动电机上有(   )个温度传感器。【单选题】
   A. 1　　　　　　B. 2　　　　　　C. 3　　　　　　D. 4
3. (   )用于检测驱动电机转子位置和转速,并将检测信号送给电机控制器。【单选题】
   A. 定子　　　　　　　　　　　　B. 转子
   C. 温度传感器　　　　　　　　　D. 旋转变压器
4. 下列是永磁同步驱动电机组成的是(   )。【多选题】
   A. 定子　　　　　B. 转子　　　　　C. 壳体　　　　　D. 端盖
   E. 旋转变压器　　F. 温度传感器
5. 下列是 2018 款比亚迪 E5 驱动电机壳体的是(   )。【多选题】

A. 接线盒　　　　　B. 进水口　　　　　C. 出水口　　　　　D. 冷却水道
E. 冷却液温度传感器　F. 排气阀

6. 下列是永磁同步驱动电机转子结构的是(　　)。【多选题】

A. 转轴　　　　　　B. 永磁体　　　　　C. 转子铁心　　　　D. 转子绕组

三、简答题

1. 简述驱动电机驱动原理。
2. 简述驱动电机发电原理。

项目三 电机控制器结构原理与检修

项目概述

电机控制器相当于电机驱动系统的大脑,可以通过实时监测驱动电机的工作状态和接收整车控制器的指令来控制驱动电机的工作,从而按照驾驶员的操作意图驱动车辆或进行电能转换。所以,电机控制器是电机驱动系统的关键组成部件,对纯电动汽车的正常运行有着重要的作用。

本项目主要介绍两方面的内容:电机控制器的基本组成与原理,典型电机控制器结构与检修。

任务 1　电机控制器基本组成与原理

任务目标

1. 了解电机控制器的作用。
2. 掌握电机控制器的组成。
3. 掌握电机控制器的工作原理。

某职业院校新能源汽车技术专业的学生，通过前面的学习了解到电机驱动系统主要由驱动电机、电机控制器、减速器总成和电驱冷却系统组成。现班级要开始学习电机控制器相关知识，老师提出两个问题：一是电机控制器的组成部件有哪些？各部件的功能是什么？二是电机控制器的工作原理是什么？要求班级同学通过对电机控制器基本组成与原理的学习，整理出这两个问题的答案。

电能变换知多少？
——百变 DC 和 AC

电机控制器，又称智能功率模块，简称为 MCU。它可以实时监测驱动电机的工作状态并通过数据总线传输给其他控制单元，也可以通过数据总线接收相关控制指令，还能根据车辆运行需要将动力电池的直流电与驱动电机的交流电进行逆变或整流工作，从而控制驱动电机与动力电池之间的电能量的转换。电机控制器是纯电动汽车的关键部件之一，目前技术比较成熟，具有集成度高、功率密度高、寿命长、输出稳定等特点。某车型采用三合一集成式电机控制器，即将电机控制器（MCU）、电源分配单元（PDU）和电压转换器（DC-DC）集成在一体的电机控制器，如图 3-1-1 所示。

一、电机控制器组成

纯电动汽车的电机控制器主要由壳体、高低压连接器、电子控制元件、电气控制元件、电

项目三 电机控制器结构原理与检修

图 3-1-1 某车型三合一集成式电机控制器

气功率元件等组成。其中电气功率元件主要为 IGBT(绝缘栅双极型晶体管)集成功率模块,是电气控制器的关键零部件。

(一) 壳体

电机控制器的壳体主要用于支撑各电子控制元件、电气控制元件、电气功率元件及连接器,并提供密闭的防尘防水空间保护各电子控制元件、电气控制元件、电气功率元件。为了满足使用要求,电机控制器壳体上要有元器件的安装位置和各种高低压线束的安装空位,同时电机控制器壳体中还应该有冷却管路,以确保电驱冷却系统的冷却液能在其内部循环流动,防止电机控制器内部升温快的 IGBT 集成功率模块因温度过高而损坏。

车用电机控制器 IGBT 集成功率模块输出功率高、温升快,壳体提供相应冷却水路从整车冷却系统引入冷却液,用以冷却 IGBT 集成功率模块。图 3-1-2 所示为电机控制器壳体。

电机控制器结构
(北汽 EV160)

高压电控总成组成
(比亚迪 E5)

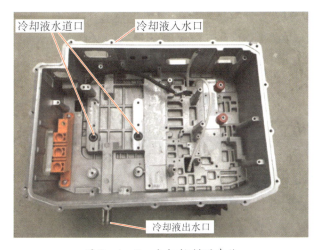

图 3-1-2 电机控制器壳体

(二)高低压连接器

高低压连接器是指高压线束连接的插接器和低压线束连接的插接器,其可以实现电机控制器内外部高低压线束的连接,如图 3-1-3 所示。

图 3-1-3 高低压连接器

低压连接器主要用于 12V 电源的供应、与驱动电机及其他控制器通信。一般电机控制器至少具备一个低压线束连接器,所有通信、传感器、低压电源等都要通过这个低压接头引出,连接到驱动电机及车载网络系统,从而与整车控制器及动力电池管理系统进行通信。

高压连接器主要用于连接动力电池包和驱动电机的高压线束,实现与动力电池包和电机控制器的高压连接与输送。电机控制器一般有两个高压接口:一个是输入接口,用于连接动力电池包高压接口;另外一个是高压输出接口,连接电机,为驱动电机提供控制电源。

(三)电子控制元件

电子控制元件相当于电机控制器的大脑,根据接收的外部通信信号及内部电气件的运行情况,通过电气控制元件直接或间接地控制电气集成功率模块,使得控制器可靠稳定地工作,合理控制电机进行运作。电子控制元件有逻辑电路板、控制电路板、驱动电路板等。

1. 逻辑电路板

逻辑电路板主要存在于集成式电机控制器(集成 PDU、DC-DC 等)中,对电机控制器内部的电气电路进行各方面的检测,以协调电源分配单元(PDU)、电压转换器(DC-DC)与电机控制器(MCU)模块正常工作。

2. 控制电路板

控制电路板主要用于电机集成功率模块的控制,控制电路板在接收整车控制器根据车辆驾驶需求和运行状态而做出的控制信息并检测电机控制器及电机的状况后,通过控制驱动电路板合理驱动 IGBT 集成功率模块运行。

3. 驱动电路板

驱动电路板主要用于IGBT集成功率模块的驱动，根据控制板的控制信号，驱动IGBT集成功率模块运行，以产生三相正弦交流电流，控制电机运行。

（四）电气控制元件

电气控制元件主要由高压电容器和电流传感器等组成。

高压电容器的主要作用是维持高压母线电压稳定和过滤高频波纹电流，如图3-1-4所示。由于IGBT功率集成模块工作过程中会造成直流电路电流振荡，为减少振荡电流对直流电路的影响，通过此电容的并联对振荡电流进行滤波处理。

电流传感器主要对三相输出的电流进行采样检测，并反馈至控制电路板。如图3-1-5所示为霍尔电流传感器。

图3-1-4　高压电容器

图3-1-5　霍尔电流传感器

图3-1-6　IGBT集成功率模块

（五）电气功率元件

电机控制器的功率元件主要是IGBT集成功率模块。IGBT集成功率模块如图3-1-6所示，是将直流电转化为交流电的执行装置，也是电气控制器中的关键零部件。通过控制IGBT集成功率模块中的6个子模块的通断，可将直流电转换为交流电。

二、电机控制器工作原理

在新能源汽车工作过程中，电机控制器可以通过驱动电机内部的温度传感器、旋变传感器和电机控制器内部的电流传感器监测驱动电机工作状态，并根据从整车控制器通过CAN

电机控制器
工作原理

通信系统传输过来的驾驶员操作指令工作。其具体的工作是进行能量的转换，即在车辆运行时将动力电池提供的高压直流电逆变成驱动电机工作需要的高压三相交流电和在车辆减速或制动时将驱动电机产生的三相交流电整流成高压直流电，给动力电池补充电能。这里分别介绍电机控制器的逆变和整流原理。

（一）电机控制器逆变原理

当电机驱动车辆前行或倒退时，动力电池通过高压控制盒使高压直流电流向电机控制器，电机控制器将动力电池的高压直流电逆变为三相交流电，供给驱动电机，用于驱动车辆行驶运行，即电能转化为机械能。图 3-1-7 所示为直流电转交流电示意图。电机控制器的逆变过程通过逆变电路实现，逆变电路主要由动力电池、电机控制器内部的绝缘栅双极型晶体管 IGBT1~IGBT6，以及驱动电机组成。逆变的具体控制由整车控制器（VCU）控制 IGBT 的导通和截止来实现。

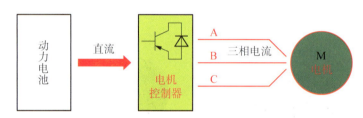

图 3-1-7　直流电转交流电示意图

逆变的具体过程为：当 VCU 控制 IGBT3 和 IGBT5 导通时，动力电池电流从电池正极流经 IGBT3 到驱动电机，从 W 相进、从 V 相出，通过 IGBT5 回到动力电池负极，形成回路，在驱动电机 W 相、V 相产生磁场，与转子磁场相互作用，驱动转子转过 120°转角，如图 3-1-8 所示。

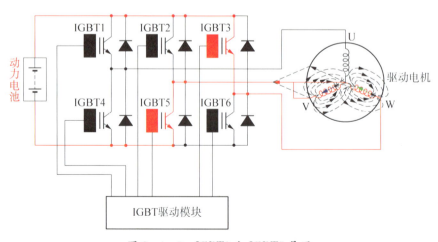

图 3-1-8　IGBT3 和 IGBT5 导通

当 VCU 控制 IGBT1 和 IGBT6 导通时，动力电池电流从电池正极流经 IGBT1 到驱动电机，从 U 相进、从 W 相出，通过 IGBT6 回到动力电池负极，形成回路，在驱动电机 U 相、W 相产生磁场，与转子磁场相互作用，驱动转子转过 120°转角，如图 3-1-9 所示。

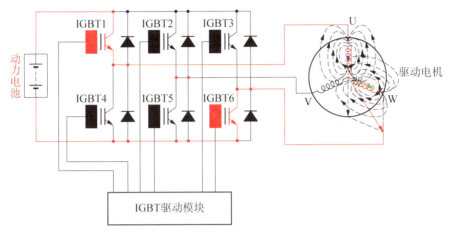

图 3-1-9　IGBT1 和 IGBT6 导通

当 VCU 控制 IGBT2 和 IGBT4 导通时，动力电池电流从电池正极流经 IGBT2 到驱动电机，从 V 相进、从 U 相出，通过 IGBT4 回到动力电池负极，形成回路，在驱动电机 V 相、U 相产生磁场，与转子磁场相互作用，驱动转子转过 120°转角，如图 3-1-10 所示。

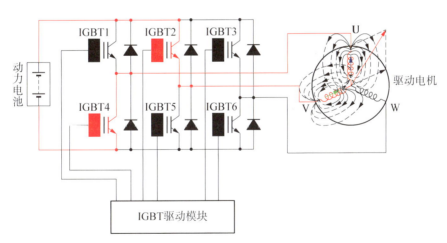

图 3-1-10　IGBT2 和 IGBT4 导通

连续不断的导通变化，在驱动电机绕组中形成连续的旋转磁场，根据电动机原理，转子在旋转磁场作用下形成旋转转矩。此外，改变 IGBT1～IGBT6 的触发信号频率和时间，就能改变逆变器输入驱动电机定子绕组电流空间相量的相位和幅值，以适应驱动电机的驱动需要。

（二）电机控制器整流原理

当车辆在行驶过程中减速或制动时，驱动电机转变为发电机，向电机控制器输送三相交流电，电机控制器根据数据总线传输过来的控制指令，将驱动电机输送过来的三相交流电整流成稳定的直流电，再通过高压控制盒，输送到动力电池，为动力电池充电，即电机控制器将驱动电机产生的三相交流电整流成相应的高压直流电给动力电池补充电能，实现能量（车辆动能转换为电能）回收，提高车辆续驶里程。图3-1-11所示为交流电转直流电示意图。

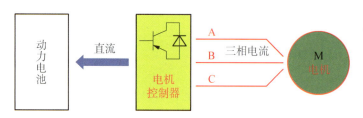

图3-1-11　交流电转直流电示意图

电机控制器的整流过程通过整流电路实现，整流电路主要由动力电池、电机控制器内部的二极管D1~D6和驱动电机组成。整流电路的具体控制由二极管单向导通作用实现。三相交流电整流电路导电的基本原理是二极管的阳极电位高于阴极电位时二极管导通，反之不导通。即：共阴极组中阳极电位最高的二极管导通；共阳极组中阴极电位最低的二极管导通。

整流的具体过程为：三相交流电整流电路是由一组共阴极电路和一组共阳极电路串联组成的，如图3-1-12所示。二极管D1、D2、D3是共阴极接法，二极管D4、D5、D6是共阳极接法。

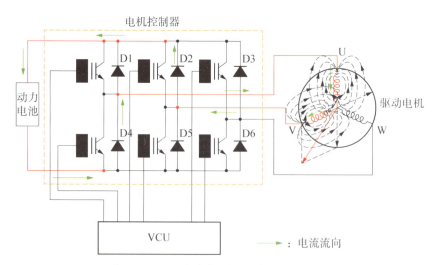

图3-1-12　电机控制器的整流电路原理

当 V 相电压最高，U 相电压最低时，电流从 V 相流出，分别经过二极管 D2、动力电池，通过二极管 D4 流入 U 相，形成回路。不同时期流经的线路不同，其电路波形如图 3-1-13 所示，其中 U、V、W 三相的电压分为用 U_U、U_V、U_W 表示。

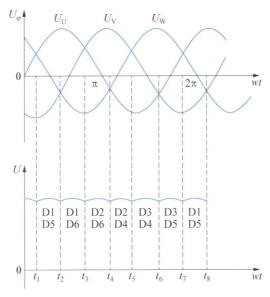

图 3-1-13　三相交流电整流电路波形图

在 $t_1 \sim t_2$ 期间，共阴极组中 U 点电位最高，D1 导通；共阳极组中 V 点电位最低，D5 导通。负载两端的电压为线电压 U_{uv}。

在 $t_2 \sim t_3$ 期间，共阴极组中 U 点电位最高，D1 导通；共阳极组中 W 点电位最低，D6 导通。负载两端的电压为线电压 U_{uw}。

在 $t_3 \sim t_4$ 期间，共阴极组中 V 点电位最高，D2 导通；共阳极组中 W 点电位最低，D6 导通。负载两端的电压为线电压 U_{vw}。

在 $t_4 \sim t_5$ 期间，共阴极组中 V 点电位最高，D2 导通；共阳极组中 U 点电位最低，D4 导通。负载两端的电压为线电压 U_{vu}。

在一个周期中，每个二极管只有 1/3 的时间导通。负载两端的电压为线电压。

本任务介绍了电机控制器的组成和电机控制器的工作原理。

纯电动汽车的电机控制器主要由壳体、高低压连接器、电子控制元件、电气控制元件、电气功率元件等组成，其中电气功率元件主要为 IGBT（绝缘栅双极型晶体管）集成功率模块，是电气控制器的关键零部件。

在新能源汽车工作过程中，电机控制器可以通过驱动电机内部的温度传感器、旋转压感器和电机控制器内部的电流传感器监测驱动电机工作状态，并根据从整车控制器通过CAN通信系统传输过来的驾驶员操作指令工作。其具体的工作是进行能量的转换，即在车辆运行时将动力电池提供的高压直流电逆变成驱动电机工作需要的高压三相交流电和在车辆减速或制动时将驱动电机产生的三相交流电整流成高压直流电，给动力电池补充电能。

任务练习

一、判断题

1. 电机控制器，又称智能功率模块。（　　）

2. 电机控制器壳体上要有元器件的安装位置和各种高低压线束的安装空位，电机控制器壳体中可以没有冷却管路。（　　）

3. 电气功率元件主要为IGBT（绝缘栅双极型晶体管）集成功率模块，是电气控制器的关键零部件。（　　）

4. 低压连接器主要用于24V电源的供应、与驱动电机及其他控制器通信。（　　）

5. 在新能源汽车工作过程中，电机控制器可以通过驱动电机内部的温度传感器、旋转变压器和电机控制器内部的电流传感器监测驱动电机工作状态，并根据从整车控制器通过CAN通信系统传输过来的驾驶员操作指令工作。（　　）

二、选择题

1. 电机控制器的简称为（　　）。【单选题】
   A. MCU   B. BMU
   C. PDU   D. MUC

2. （　　）相当于电机控制器的大脑。【单选题】
   A. IGBT集成功率模块   B. 电子控制单元
   C. 电气控制单元   D. 电气功率元件

3. 电机控制器的特点有（　　）。【多选题】
   A. 集成度高   B. 功率密度高
   C. 寿命长   D. 输出稳定

4. 纯电动汽车的电机控制器主要由（　　）组成。【多选题】
   A. 高低压连接器   B. 电子控制元件
   C. 电气控制元件   D. 电气功率元件

5. 电子控制元件包括哪些？(   )【多选题】
A. 电池电路板　　　　　　　　　　B. 逻辑电路板
C. 控制电路板　　　　　　　　　　D. 驱动电路板

三、简答题
1. 简述电机控制器逆变原理。
2. 简述电机控制器整流原理。

任务 2　典型电机控制器结构与检修

1. 了解电机控制器的结构类型。
2. 掌握独立结构式电机控制器的结构及特点。
3. 掌握非独立结构式电机控制器的结构及特点。
4. 掌握电机控制器的检修方法。

一辆比亚迪 E5 被拖送至 4S 店进行维修,车主反映该车无法上电。维修接待人员试车发现车辆上电指示灯不亮、动力系统故障警告灯点亮,且仪表显示电机控制器故障。经高级维修技师诊断,电机控制器故障,现需要进行电机控制器检修。请学习电机控制器结构与检修相关知识,完成电机控制器检修任务。

电机控制器是电机驱动系统的核心。它是驱动电机的控制单元,即控制器输出命令,控制驱动电机工作。它响应并反馈整车控制器根据驾驶员意图发出的各种指令,实时调整供给驱动电机的电流和频率,以控制驱动电机的转速、转向和转矩。同时电机控制器具有的另一个重要功能是通信和保护,可以实时进行状态和故障检测,保护驱动电机系统和整车安全可靠运行。电机控制器根据其是否为独立部件可分为两种:独立结构式电机控制器和非独立结构式电机控制器。这里主要介绍这两种类型电机控制器的结构及特点,以及电机控制器的检修方法。

一、独立结构式电机控制器结构及特点

比亚迪 E5 按照搭载平台不同,其电机控制器的形式也不尽相同。2019 款比亚迪 E5,其

电机控制器、驱动电机和减速器总成构成电驱三合一。这种结构中电机控制器为独立式结构,可以进行单独拆装。这种平台(三合一)中的电机控制器虽然没有集成在某个总成内部,但它与驱动电机和减速器两个部件紧密结合,常被称为"电驱三合一"。下面介绍电机控制器结构及其特点。

(一)结构

2019款比亚迪E5采用的是独立结构式电机控制器,位于前机舱驱动电机的上方,如图3-2-1所示。

图3-2-1 电机控制器位置

电机控制器的作用是控制驱动电机运转,其外部结构有进水管、出水管、低压线束插接口、高压线输入接口和三相交流线输出接口,如图3-2-2所示。内部主要由控制板、IGBT模块(逆变和整流模块)、大容量薄膜电容、主动泄放模块、被动泄放模块等组成。

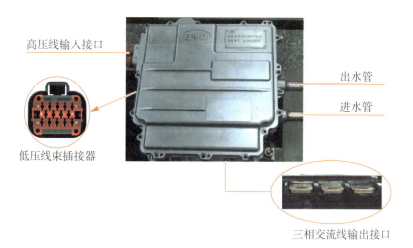

图3-2-2 电机控制器外部结构

1. 电机控制器外部结构

(1)铭牌。铭牌位于电机控制器的右上方,包括电机型号和电机编号两部分的内容,参

图 3-2-3 电机控制器低压插接口

阅图 3-2-2。在对其进行检修时应先对型号和编号进行确认。

(2) 进、出水管。进、出水管与电驱系统中的冷却系统相连,其作用是控制电机控制器温度,保证电机控制器在要求的温度范围内稳定高效地工作。

(3) 低压线束插接口。电机控制器与低压电器相连,其作用是供电电机控制器低压电器及信号传输。比亚迪 E5 的电机控制器采用的是一个 14Ppin 低压插接件,其中一共有 9 根信号线,如图 3-2-3 所示。低压插接件端口的定义见表 3-2-1。

表 3-2-1 低压插接口含义

接插件引脚	端口名称	端口定义	备注
1	12V 电源地	DND-IN	
2	/	/	
3	CANH2	预留 CAN	预留 CAN 高
4	CANL2	预留 CAN	预留 CAN 低
5	碰撞信号	CRASH_IN	PWM
6	12V 电源地	DND-IN	
7	/	/	
8	碰撞信号地	EARTH-1	
9	CAN 高	CANH	动力网 CAN 高
10	12V 电源正	+12V	
11	12V 电源正	+12V	
12	/		
13	CAN 屏蔽线	EARTH	
14	CAN 低	CANL	动力网 CAN 低

(4) 高压线输入接口。电机控制器通过高压线接口与充配电总成连接,其作用是驱动时将动力电池的高压电通过充配电总成输入到电机控制器;在车辆减速或制动时,从驱动电机回收的电能(三相交流电)经电机控制器整流成高压直流电从高压线输入接口送给充配电总成。

(5) 三相交流线输出接口。电机控制器与驱动电机之间通过高压三相交流线进行连接。它可以在驱动车辆时,将电机控制器逆变后的三相交流电输送给驱动电机,驱动电机将电能转换为机械能从而驱动车辆行驶;在减速或制动时,高压三相交流线接口可以将驱动电机发出的三相交流电传输给电机控制器,电机控制器整流后经充配电总成送给动力电池补充电能。

2. 电机控制器内部结构

2019 款比亚迪 E5 的电机控制器主要由主控板、IGBT 驱动板、IGBT 模块、预充电容(大容量薄膜电容)、主动泄放和被动泄放模块、电流传感器、温度传感器等组成,如图 3-2-4 所示。

图 3-2-4 2019 款比亚迪 E5 电机控制器内部结构(部分)

(1) 主控板。电机控制主控板又称为主板、主机板、系统板等,其构成复杂电子系统或者主电路板。主控板能提供一系列接合点,给电机控制器内部的存储器和对外设备等提供接口。它们通常直接插入有关插槽,或用线路连接。图 3-2-5 所示为 2019 款比亚迪 E5 主控板。主控板主要包括主控芯片、CAN 网络、采样电路、旋变电路和电源电路等。其中主控芯片为主板提供一个通用平台供不同设备连接,控制不同设备的沟通;CAN 电路主要以 CAN

图 3-2-5 2019 款比亚迪 E5 主控板

收发器芯片为主,提供电机控制器与外部的交互;电源电路主要将 12V 电转变成 DSP 和部分电路所需的电压,比如主控芯片的外设和内核供电、CAN 收发器的供电等;旋变电路能监测驱动电机绝对位置和转速;采样电路能进行控制器的温度采样、冷却液的温度采样、电机的温度采样、IG-ON 的检测、HVIL 的检测等。

(2) IGBT 驱动板。IGBT 驱动板是控制系统与开关器件之间的中间环节,能接受控制系统的控制指令,传输控制命令,确保开关器件 IGBT 执行正确的开关动作,保护开关器件以及回馈 IGBT 工作状态。图 3-2-6 所示为 2019 款比亚迪 E5 的 IGBT 驱动板。IGBT 驱动板一般由电源、高压采样和驱动电路等组成。电源通过排线或者双绞线为系统提供稳定的 12V 直流电,以供控制板自身用电。高压采样电路包括多个高压采样电阻和隔离运放,主要是对母线直流电压、电流和三相交流电流采样。驱动电路将信号处理器(DSP)输出的驱动信号经过隔离芯片将其带载能力加强,驱动 IGBT,并将故障信号反馈给信号处理器(DSP)。隔离方式主要有磁隔离、电容隔离和光电隔离。

图 3-2-6 2019 款比亚迪 E5 的 IGBT 驱动板

(3) IGBT 模块。IGBT 模块常被称为电机控制器中的"逆变模块",主要部件是绝缘栅双极型晶体管 IGBT。IGBT 是由 BJT(双极型三极管)和 MOS(绝缘栅型场效应管)组成的复合全控型电压驱动式功率半导体器件,兼有 MOSFET 的高输入阻抗和 GTR 的低导通压降两方面的优点。电机控制器中一般有 6 个 IGBT 模块,起电路的开关作用,是电机控制器的核心部件。其通过控制 IGBT 的通断实现对动力电池高压直流电的逆变,如图 3-2-7 所示。IGBT 模块固定于 IGBT 驱动板上,其控制极 G、控制极 E 通过弹簧与电路板上的电路连接。

(4) 大容量薄膜电容。在电机控制器中,电池包的直流电作为输入电源,需要通过直流母线与电机控制器连接,该方式叫直流支撑。其中的电容我们称之为母线电容或者支撑电容。当电机控制器从动力电池包得到有效值或者峰值很高的脉冲电流时,会在直流支撑上产生很高的脉冲电压使得电机控制器难以承受,这时需要选择母线电容串联连接在直流电路中起保护作用。

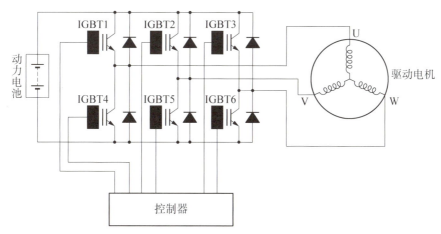

图 3-2-7　IGBT 模块的 6 个 IGBT

图 3-2-8　大容量薄膜电容

母线电容的具体作用如下：

① 平滑母线直流电压，使电机控制器的母线直流电压在 IGBT 通断时仍比较平滑。

② 降低电机控制器 IGBT 端到动力电池包线路的电感参数，削弱母线的尖峰电流并吸收电机控制器母线端的高脉冲电流。

③ 防止母线端电压的过充电和瞬时电压对电机控制器的影响。

新能源汽车常用的母线电容有电解电容和薄膜电容两种，当前使用最多的是薄膜电容，如图 3-2-8 所示。2019 款比亚迪 E5 电机控制器中的母线电容选用的就是大容量薄膜电容，耐电压可以达到直流 1 000 V 以上，工作环境温度可达 105～125℃。

（5）主动泄放和被动泄放模块。为了实现高压安全，国家标准也做了明确的规定：车辆发生碰撞后，应当立即进行高压下电，避免碰撞后造成人员与高压带电部分直接接触或间接接触引起的触电事故。主动泄放模块和被动泄放模块就是一种紧急情况下的高压安全措施。具体要求是：紧急情况下，如发生碰撞、短路等情况，以及车辆下电时，都会有高压下电，而电机控制器中有大容量薄膜电容等储能装置，在 BMS 控制高压下电以后，内部仍存在高压电，为防止人员触电伤害，需将电机控制器中的高压电容内残余的高压电泄放直至降低至 60 V 以下。

① 主动泄放模块。主动泄放模块是指专门的主动放电电路，2019 款比亚迪 E5 的主动放电回路，在发生碰撞或者其他需要高压下电时，5 s 内会将预充电容电压降低到 60 V 以下，迅速释放危险电能。主动放电电路的泄放电阻为 7.5 Ω。

② 被动泄放模块。被动泄放是主动泄放失效的二重保护。在含有主动泄放的同时，有些车辆高压部件（如电机控制器、空调驱动制动器等）中还设置了被动泄放模块，2019 款比亚迪 E5 就含有被动泄放模块。在主动泄放回路故障时，被动泄放回路可以在 2 min 内把预充电容电压降至 60 V 以下，作为二重保护。一般被动泄放电阻为 75 kΩ，直接接于 660 μF 高压电容器正负极两端，上电后一直处于耗电状态，但电流很小，损耗可以忽略不计。

（6）电流传感器。2019 款比亚迪 E5 电机控制器中配有霍尔电流传感器，如图 3-2-9 所示。它用来检测电机控制器输出三相交流电的输出电流。为精确检测电流方向，采用了正、负电源供电。一般需要在线检测霍尔电流传感器的性能好坏：先检查其是否有电源电压，若电源正常，则监测电流传感器的霍尔信号并与驱动电机当前输出转矩进行对比，从而判断霍尔电流是否正常。

图 3-2-9　2019 款比亚迪 E5 的电流传感器

（7）温度传感器。IGBT 控制模块有多个热敏电阻式温度传感器，用于检测 IGBT 控制模块的工作温度。

（二）结构特点

2019 款比亚迪 E5 的电机控制器是独立结构，主要用于驱动电机的工作状态监测、控制以及与整车控制器之间的信息交互。其电机控制器、驱动电机、主减速器集成在一起构成电驱动总成。其中电机控制高压线束采用内部连接，外部直接提供高压直流电，这种设计大大节省了线束成本，代表了电动化汽车动力总成的主流发展方向。

2019 款比亚迪 E5 电机控制器的内部电子器件集成在电路板上，如主控板和 IGBT 驱动板。

二、非独立结构式电机控制器结构及特点

2015—2018 年比亚迪 E5 纯电动汽车为四合一平台，这些车型上的电机控制器与车载充电机、高压配电箱和 DC-DC 转换器集成在一起构成高压电控总成。这种结构形式的电机

控制器称为非独立结构式。这里主要介绍2018款集成在高压电控总成内的电机控制器的结构及特点。

（一）安装位置

2018款比亚迪E5的电机控制器位于安装在车辆的前舱内的高压电控总成内部。图3-2-10所示为比亚迪E5高压电控总成的位置。

图3-2-10　比亚迪E5高压电控总成位置

（二）结构

2018款的比亚迪E5电机控制器是高压电控总成的一部分，这里主要介绍电机控制器相关的外部和内部结构。

1. 电机控制器外部结构

高压电控总成外部接口分为高压接口和低压接口两部分。高压接口有电池包高压直流输入接口（直流母线正极接口、直流母线负极接口）、电机控制器三相交流电输出接口、交流充电输入N与L1相接口、交流充电输入L2与L3相接口、直流充电输入接口、空调电动压缩机接口、加热器PTC接口。低压接口有DC-DC输出接口、电机控制器低压接口（64PIN低压输出接口）、高压配电箱低压控制接口（32PIN低压输出接口）。除此之外，高压电控总成上还有冷却管路的进水口和出水口，用于连接高压电控总成内的冷却管路。

这款纯电动汽车中电机控制器是高压电控总成的一部分，与电机控制器功能相关的外部高压接口有电池包高压直流输入接口（直流母线正极接口、直流母线负极接口）和电机控制器三相交流电输出接口（驱动电机三相交流电输入接口）。其中电池包高压直流输入接口用于动力电池包和高压电控总成之间的高压直流线路连接，位于前机舱高压电控总成后面、电池管理器的左侧，如图3-2-11所示。而电机控制器三相交流输出接口用于电机控制器与驱动电机高压三相交流线路的连接，位于前机舱高压电控总成前面中间位置，如图3-2-12所示。

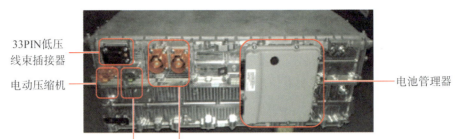

图 3-2-11 电机控制器高压接口位置（电池包高压直流输入接口）

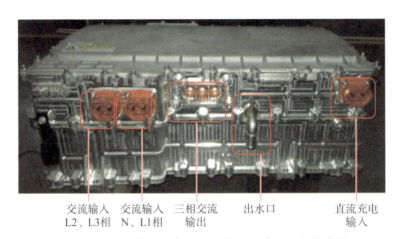

图 3-2-12 电机控制器高压接口位置（三相交流电输出接口）

电机控制器功能相关的外部低压接口是电机控制器低压输出接口，也称为64PIN低压线束插接器，位于前机舱高压电控总成侧面，如图3-2-13所示。

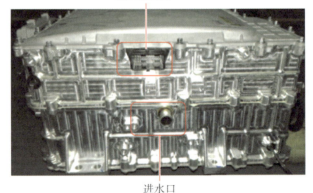

图 3-2-13 电机控制器低压接口和进水口位置

除此之外,电机控制器内部是有冷却管路的,用于电机控制器的冷却散热,分别连接高压电控总成上的进水口和出水口,其位置如图 3-2-12 和图 3-2-13 所示。

2. 电机控制内部结构

高压电控总成是将纯电动汽车的双向交流逆变式电机控制器(VTOG)、车载充电器(OBC)、高压配电箱和 DC-DC 转换器这 4 个高压电控装置合为一体,如图 3-2-14 所示,又称"高压四合一",所以电机控制器(VTOG)是高压电控总成的一部分。2018 款比亚迪 E5 的电机控制器是双向交流逆变的电压型逆变器,可以利用 IGBT 将直流电转化成交流电。其主要功能是通过收集挡位信号、加速踏板信号、制动踏板信号等来控制电机,根据不同工况控制电机的正反转、功率、转矩、转速等,即控制电机使车辆前进、倒退,维持车辆的正常运转。此外,其还具备充电控制功能,能进行交直流转换,双向充放电控制。

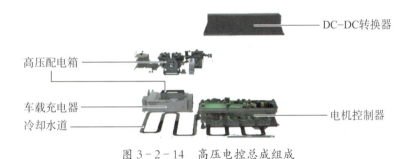

图 3-2-14 高压电控总成组成

这种结构形式的非独立结构的电机控制器,主要由大容量薄膜电容(660μF 母线电容总成、70μF、25μF)、VTOG 控制板、IGBT 模块(IGBT 驱动板和 IGBT)、三相交流输出霍尔电流传感器、VTOG 电源电路板等组成,其位置关系如图 3-2-15 所示。其中 VTOG 控制板、

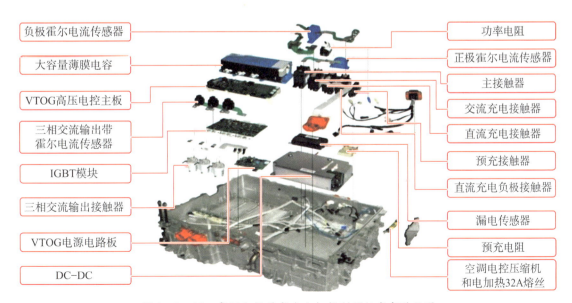

图 3-2-15 高压电控总成内电机控制器组成部件位置

IGBT 驱动板、IGBT 及冷却管路紧密连接在一起，集成在电机控制模块 VTOG 内部，而大容量薄膜电容和电流传感器分布在高压电控总成内部合适位置，所以这些部件分散布置，不集中布置在同一个壳体内部。

（1）电机控制模块 VTOG。从结构上来看，电机控制器 VTOG 是由上下两块电路板和中间冷却管路组成的。其中最上层的电路板为控制板，如图 3-2-16 所示；下方电路板为 IGBT 驱动板，如图 3-2-17 所示；中间层为水道冷却管路。2018 款比亚迪 E5 的驱动板芯片采用的是 1ED020I12FA2 芯片，且 IGBT 总成固定于 IGBT 驱动板上，其控制极 G、控制极 E 通过弹簧与电路板上的电路连接。该总成上还有用于检测其工作温度的温度传感器（热敏电阻）。

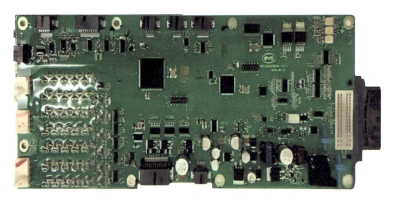

图 3-2-16　2018 款比亚迪 E5 控制板

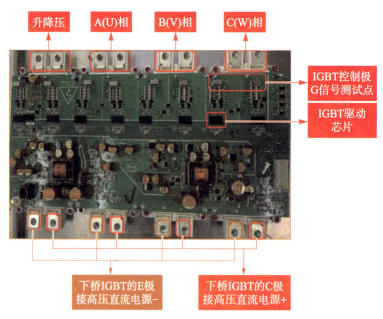

图 3-2-17　2018 款比亚迪 E5 IGBT 驱动板

而且,这款车的控制器 VTOG 预留有车辆对放电排插供电功能(VTOL)及车辆对车辆放电功能(VTOV),并可通过转向盘上的按键进行设置。

(2) 大容量薄膜电容。2018 款比亚迪 E5 的电机控制器内部高压电路中的母线电容使用的是大容量薄膜电容,如图 3-2-18 所示。薄膜电容的耐电压可以达到直流 1 000 V 以上,改善了电容的防潮性和抗温度冲击能力,工作环境温度可达 105~125℃。其主要由母线电容总成、直流充电升压器的 70 μF 电容及 3 个 25 μF 电容总成等组成。

图 3-2-18 2018 款比亚迪 E5 母线电容

图 3-2-19 2018 款比亚迪 E5 电流传感器

(3) 霍尔电流传感器。高压电控总成中采用了霍尔电流传感器来检测电流,图 3-2-19 所示为电流传感器。为检测电流方向,有的采用了正、负电源供电。一般需要在线检测霍尔电流传感器的性能好坏:先检查其是否有"+15 V""-15 V"的电源,若电源正常,则测试霍尔信号("1 V"对应 100 A)并与电源管理器的当前电流进行对比,从而判断霍尔电流传感器正常与否。

(4) 主动泄放模块和被动泄放模块。为确保车辆安全,电机控制器内部同样设有主动泄放模块和被动泄放模块,这样确保车辆高压下电或碰撞下电时,能迅速将车辆高压电路中高压电在规定的时间内泄放到 60 V 以下。需要注意的是,2018 款比亚迪 E5 电机控制器内部的主动泄放模块和被动泄放模块集成在控制板上,不是独立的模块。

(三) 结构特点

2018 款比亚迪 E5 的电机控制器不是独立结构,它由集成在高压电控总成内部的几个部件组成。从电机控制器功能来看,电机控制器内部的电机控制模块 VTOG、大容量薄膜电容和电流传感器是分别独立安装在高压电控总成内部的合适位置的,所以高压电控总成内非独立结构式电机控制器的功能组件是完整的,但是它们是分散布置在高压电控总成内部的。

三、典型电机控制器控制原理

2018款和2019款比亚迪E5电机控制器的控制内容相同,主要包括驱动控制与充电控制,这里以2018款比亚迪E5为例介绍电机控制器的控制方式。

1. 驱动控制

比亚迪E5的电机控制器在驱动控制时有如下功能:车辆前进时驱动控制、高压输出电压控制、电流控制、限功率和限转矩控制(在电压跌落、过电流、过温、IPM过温、IGBT过温保护实施)、电控系统防盗、能量回馈控制、主动泄放、被动泄放控制等功能。原版的高压四合一车型在直流充电时,具有直流充电升压功能,从而可使用一些输出电压低于比亚迪E5车的通用直流充电桩进行充电。

比亚迪E5电机控制器根据采集到的加速踏板、制动踏板、挡位、旋变等信号,给驱动电机提供相应的三相交流电,控制驱动电机将电能转换为机械能,并通过传动装置传递给驱动轮驱动车辆,从而实现纯电动汽车的前进和后退的控制。在车辆驱动过程中,电机控制器根据电池管理系统实时监测到的动力电池输出电压、电流、温度信息和驱动电机的温度和转速等信号,判定整车高压系统工作是否正常。若出现异常,电机控制器通过CAN通信控制动力电池工况(即电流和温度控制),并在车辆高压系统出现过电流、过温等现象时,对车辆进行限功率运行、限转矩、高压断电等控制。需要注意的是,为确保安全,当车辆需要下电或出现碰撞等异常时,电机控制器内的主动泄放模块和被动泄放模块可以迅速泄放危险电能,即在规定的时间内将预充电容的高压电泄放到≤60V。

2. 充电控制

比亚迪E5的电机控制器在充电控制时有如下功能:交直流转换,双向充放电控制,自动识别单相、三相相序,根据充电电流控制充电方式,根据充电设备识别充电功率,根据车辆或其他设备请求信号控制车辆对外放电,断电重启充电,CAN通信,故障处理记录,在线CAN编写及自检等。原版的高压四合一车型在直流充电时,具有直流充电升压功能,从而可使用一些输出电压低于比亚迪E5车的通用直流充电桩进行充电。

具体控制原理如下:比亚迪E5电机控制器根据车辆起动按钮、充电枪的连接信号、动力电池的状态信息,确认车辆是否可以进行交流或直流充电,并控制车辆进行交流充电或直流充电。在充电过程中,根据监测的动力电池、车载充电机、充电枪、外部供电等部件和设备的状态,实时控制车辆充电状态,必要时终止充电。需要注意的是,当比亚迪E5在充电过程中出现电网断电后又供电时,可继续进行车辆充电。

注意:当电机控制器进行驱动控制时电机的三相接触器处于接通状态,而电机控制器进行充电控制时电机的三相接触器处于切断状态。

四、电机控制器检测

电机控制器检测要遵循由易到难、由外到内、由电气部件到机械部件的原则,并且一般以不解体优先。这里从基本检查、在线检测、绝缘检测、电器元件检测四个方面讲述电机控制器检测方法和要点。

(一)电机控制器基本检查

(1)检查电机控制器各插接器,确认插件是否连接到位,是否有退针现象,若有应及时插接到位。

(2)检查电机控制器各连接线束是否牢靠或破损,若发现有破损或者是异常连接状况应立即停止车辆使用,并将车辆移至厂家指定维修站点。

(3)闻电机控制器的气味,若发现有特殊的油漆味,说明电机内部温度过高;若发现较重的糊味,则可能存在烧坏现象。

(二)电机控制器在线检测

在汽车起动以后,连接诊断仪读取电机控制器的相关数据流,根据数据流分析电机控制器的工况,主要需要读取的数据是电机控制器高压检测完成指标。

(三)电机控制器绝缘检测

电机控制器的主要损坏是电气故障,可以借助相关检测工具和设备进行检测。

1. 电机控制器高压输入插接器 A 端子绝缘检测

断开蓄电池负极,断开 MCU 低压插头,断开电机控制器的高压输入插接器。使用兆欧表的 500 V 挡位,测量电机控制器高压输入插接器 A 端子和车身搭铁之间的电阻值。正常电阻值为大于 20 MΩ,若测量值小于标准值,则说明电机控制器短路损坏。

2. 电机控制器高压输入插接器 B 端子绝缘检测

断开蓄电池负极,断开 MCU 低压插头,断开电机控制器的高压输入插接器。使用兆欧表的 500 V 挡位,测量电机控制器高压输入插接器 B 端子和车身搭铁之间的电阻值。正常电阻值为大于 20 MΩ,若测量值小于标准值,则说明电机控制器短路损坏。

若通过检测确认电机控制器存在故障,需将驱动电机从车身上拆下检测维修或更换。

拆下和安装熔丝时,需关闭车辆电源开关,并断开蓄电池负极。

（四）电机控制器内电器元件检测

1. 高压接触器检测

有些车型的电机控制输出三相交流电的线路中有三相接触器，需要用正确的方法检测接触器是否正常。高压接触器的检测分为基本检查、静态检测和动态检测。

（1）高压接触器基本检查：

① 目视检查高压接触器外壳是否有破损或烧蚀痕迹。

② 目视检查高压接触器插脚是否有烧蚀或断裂。有些高压接触器有高压线束接线柱和低压线束插接器，需要查看高压线束接线柱是否腐蚀和低压线束插接器插头是否有烧蚀破损。

（2）高压接触器静态检测：

① 查看高压接触器针脚或端子，分别找到电磁线圈和高压触点两端的针脚或端子。

② 用万用表检测电磁线圈的两个针脚的电阻，如图 3-2-20 所示。电磁线圈电阻值需查阅维修手册或专业技术资料确定（如：继电器线圈为 48Ω，则检测值应该为 48Ω 左右），若检测值远高于标准值，则说明高压接触器损坏，需要更换新的高压接触器。

图 3-2-20　高压接触器电磁线圈电阻检测（带电路板）

有些接触器有电路板，其电磁线圈的电阻不能由连接器直接测量。对带电路板的高压接触器的电磁线圈进行检测时，需要避开电路板部分，否则检测不出电磁线圈的电阻。

③ 用万用表检测高压接触器高压触点的两接线柱或两端子电阻，标准电阻值为∞，若检测值与标准值不符，则需要更换新的高压接触器。

建议使用数字兆欧表检测高压接触器两高压触点之间的电阻值。因为使用万用表检测高压继电器触点电阻时,加在触点两端的电压很低,检测不出触点气隙变小时的通断(微电流无法跳过气隙),即无法判断高压接触器是否处于半粘连状态。

(3) 高压接触器动态检测:

① 将高压接触器电磁线圈针脚分别连接 12V 电源的正极和负极。

② 在电路闭合的情况下,倾听高压接触器触点是否有"啪"的闭合的声音,并用万用表接高压接触器的两高压接线柱或两端子电阻。标准电阻值<1Ω,若检测值与标准值不一致,说明高压接触器损坏,需要更换新的。

在实际维修中,一般先分析故障代码与数据流,以确定接触器是否存在工作不良的现象,再检查接触器低压端是否同时满足吸合时所需的电压及电流,即外围信号是否正常。

2. 电阻的检查

电机控制器内部有电阻元件,需要检测其是否正常。有些电机控制器内部的电阻元件是焊接在电路板上的。

(1) 基本检查。找到电路板上相关电阻元件位置,查看其是否存在烧蚀、脱焊等异常状态。

(2) 电阻值检测。找到电阻元件的检测点,用万用表检测电阻元件电阻是否正常。不同电阻元件的电阻值是不同的,需要查阅维修手册或专业技术资料确定。如:电机控制器被动泄放电阻,应为 75 kΩ 左右;主动泄放模块上的泄放电阻,应为 7.5Ω 左右;三相交流充电预充电阻应为 33Ω 左右;母线电容预充电阻应为 100Ω 左右。

3. 电容的检查

电机控制器内部有电容元件,需要检测其是否正常。

(1) 基本检查。找到电机控制器内部的电容元件,查看其是否存在烧蚀、破损等异常状态。

(2) 电容量测量。找到电容元件的检测点,用电容表连接电容元件两检测端子,检测其电容量。不同电容元件的电容量是不同的,需要查阅维修手册或专业技术资料确定。如图 3-2-21 所示为 65 μF 电容器的容量测试方法。

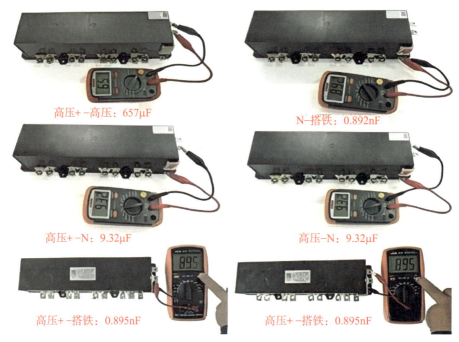

图 3-2-21 电容量检测方法

如果没有电容表,也可以用万用表电阻挡进行测量,但对于容量大的电容,由于充电时间太长,也不便于检查。

4. IGBT 检测

电机控制器内的 IGBT 是电机控制器的核心部件,这里主要介绍二极管和 IGBT 检测方法。实际的 IGBT 有上桥臂和下桥臂,上下桥臂上共有 8 个 IGBT,上桥臂和下桥臂分别由 4 个 IGBT 并联,再将上桥臂和下桥臂串联起来。图 3-2-22 所示为 IGBT 图,左图为一相上桥臂和下桥臂的 IGBT 实物图,右图为 IGBT 原理图。

(1) 二极管检测。IGBT 的二极管一般位于上桥臂和下桥臂上,其一般是正向导通反向截止的。具体检测方法如下:

① 在 IGBT 未触发状态下用万用表的二极管挡测量上桥臂 "+" 与 "~" 之间的反向导通性,显示不导通。

② 在 IGBT 未触发状态下用万用表的二极管挡测量上桥臂 "+" 与 "~" 之间的正向导通性,显示导通,压降为 0.34 V。

(2) IGBT 检测。

① 未触发条件下的检测。在 IGBT 未触发状态下,用万用表二极管挡测量下桥臂 "~"

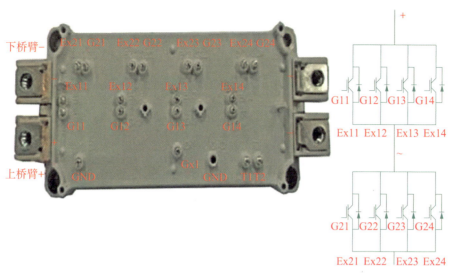

图 3-2-22　IGBT 结构与原理示意图

与"-"之间的正向导通性,显示导通,压降为 0.339 V,而反向不导通。

② 触发条件下的检测:

a. 用 9 V 电池作为电源接至 G11 触发上桥臂中的某个 IGBT,如 1 号 IGBT。

b. 用万用表的二极管挡测量上桥臂"+"与"~"之间的导通性,显示导通,压降为 0.379 V。

c. 在触发上桥臂中的某个 IGBT 后,断开电源,这个 IGBT 的控制极 C 与控制极 E 仍保持导通。用万用表二极管挡测量上桥臂"+"与"~"之间的导通性,显示导通,压降为 0.379 V。

d. 依次对上桥臂的其他 3 个 IGBT 进行触发,检查其导通性,检查前注意先短接控制级 G 与控制级 E,使其内部电容放电。

e. 用相同方法可依次检查下桥臂的各个 IGBT。

实训 1　电机控制器检测(比亚迪 E5)

请扫描二维码,查看"电机控制器检测(比亚迪 E5)"技能视频,结合视频内容及相关资料,规范地完成电机控制器检测的实训。

◆ 实训准备

(1) 设备:2019 款比亚迪 E5。

电机控制器检测
（比亚迪 E5）

（2）工具：①常用工具：150 件工具套装、绝缘工具套件、十字螺丝刀；②测量工具：万用表；③专用工具：208 接线盒、数字兆欧表、磁力吸棒。

（3）防护用品：工作服、绝缘鞋、棉布手套、高压绝缘手套。

（4）资料：维修手册、技能视频、学习工作页。

◆ 安全操作规范

（1）实训操作前，请穿戴好高压安全防护装备，做好安全防护。

（2）对高压部件进行相关操作时，需佩戴高压绝缘手套，并规范地选用高压绝缘工具进行操作。

（3）操作中，请正确选择并规范地使用相关拆装和测量工具。

◆ 实训步骤

一、电机控制器高压线束绝缘检测

1. 高压维修塞拆卸

（1）断开低压蓄电池负极。

注意事项

拆卸低压蓄电池负极之后，需等待 15 min，待车上电容元件放电完毕后，才能进一步操作。

（2）进入车内，抬起中控储物盒盖板，使用十字螺丝刀，拆卸中控台储物盒 4 颗自攻螺钉。

（3）取出储物盒，断开储物盒线束插接器，如图 3-2-23 所示，取下储物盒。

（4）佩戴高压绝缘手套，松开动力电池高压维修塞保险器，拔出高压维修塞，如图 3-2-24 所示。

图 3-2-23　断开储物盒线束插接器

图 3-2-24　拔出高压维修塞

2. 高压验电盖拆卸

（1）使用十字套筒接杆棘轮扳手组合工具，拆卸充配电总成验电盖 5 颗固定螺栓。

（2）使用 TS25 内五角套筒接杆棘轮扳手组合工具，拆卸充配电总成验电盖 1 颗定位螺栓。

（3）用手旋出验电盖 6 颗固定螺栓，取下验电盖，如图 3-2-25 所示。

图 3-2-25　拆卸高压验电盖

3. 高压验电

（1）取出万用表进行校表，确保万用表能正常使用。

（2）将数字万用表调至直流电压挡，将万用表红黑表笔分别连接至充配电总成高压输入和输出端子，检测充配电总成内部残余电量，如图 3-2-26 所示。

图 3-2-26　检测充配电总成内部残余电量

若测量值大于 0 V，应静置 15 min 后再次测量，必须在正负极端子之间电压值为 0 V 后，才能进行下一步操作。

4. 电机控制器高压线束拆卸

（1）使用 10 mm 套筒接杆棘轮扳手组合工具拆卸电机控制器高压母线端子 4 颗固定螺栓。

（2）使用 10 mm 套筒接杆旋出电机控制器高压母线端子 4 颗固定螺栓。

（3）使用磁力吸棒，取出电机控制器高压母线端子 4 颗固定螺栓，如图 3-2-27 所示。

（4）拔出电机控制器正极高压母线和负极高压母线，如图 3-2-28 所示。

图 3-2-27　取出高压母线端子 4 颗固定螺栓　　图 3-2-28　拔出电机控制器正负极高压母线

5. 电机控制器高压线束绝缘检测

（1）取出数字兆欧表，将黑表笔连接至配电总成搭铁线束，红表笔连接电机控制器高压线束正极端子。

（2）调整测试挡位至 1 000 V 测试挡，打开测试按钮开始测试，等待数值稳定后记录数值，若测量值与标准值不符，则说明电机控制器高压线束或电机控制器存在绝缘故障，需进一步检修，以同样的方法检测电机控制器高压线束负极端子绝缘值，如图 3-2-29 所示。

图 3-2-29　电机控制器高压线束绝缘检测

检测内容	检测条件	标准值
配电总成搭铁线束—电机控制器高压线束正极端子	低压蓄电池负极断开,且车辆高压系统断电	>20 MΩ
配电总成搭铁线束—电机控制器高压线束负极端子	低压蓄电池负极断开,且车辆高压系统断电	>20 MΩ

6. 电机控制器高压线束安装

(1) 安装电机控制器负极高压母线至正确位置。

(2) 安装电机控制器正极高压母线至正确位置。

(3) 使用 10 mm 套筒接杆组合工具,安装电机控制器高压母线端子 4 颗固定螺栓。

(4) 使用 10 mm 套筒接杆棘轮扳手组合工具拧紧电机控制器高压母线端子 4 颗固定螺栓。

7. 高压验电盖安装

(1) 安放充配电总成验电盖至规定位置。

(2) 用手旋入充配电总成验电盖 6 颗固定螺栓。

(3) 使用 TS25 内五角套筒接杆棘轮扳手组合工具拧紧充配电总成验电盖 1 颗定位螺栓。

(4) 使用十字套筒接杆棘轮扳手组合工具拧紧充配电总成验电盖 5 颗固定螺栓。

8. 高压维修塞安装

(1) 安装动力电池高压维修塞。

(2) 安装储物盒线束插接器。

(3) 使用十字螺丝刀安装中控台储物盒 4 颗自攻螺钉。

(4) 放下中控储物盒盖板。

二、电机控制器低压电路检测

根据电路图 3-2-30 可知,电机控制器低压插接器的 10 号和 11 号针脚为 IG3 供电端,9 号和 14 号针脚为电机控制器的 CAN 通信端,5 号针脚为碰撞传感器信号端,1 号、6 号和 8 号针脚为电机控制器的搭铁端。

1. 电机控制器双路电电路检测

(1) 断开电机控制器低压线束插接器。

电机控制器低压线束电路检测时,需连接低压蓄电池负极。

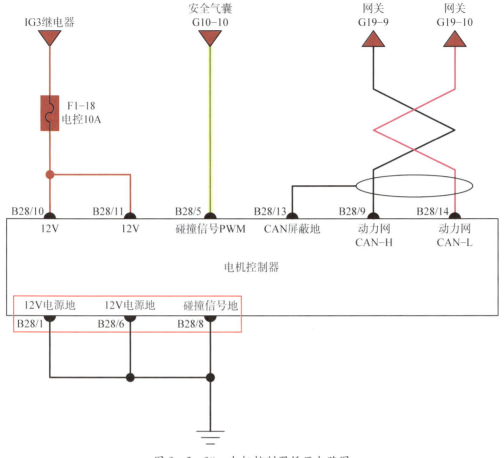

图 3-2-30　电机控制器低压电路图

(2) 取出万用表，校表检查万用表是否正常可用。

(3) 将万用表调整至直流电压测试挡。

(4) 打开车辆电压开关。

(5) 将红表笔连接电机控制器低压线束插接器 B28/10 针脚，黑表笔连接车身搭铁，检测电机控制器供电电压，如图 3-2-31 所示。待万用表数值稳定后，记录万用表数值。若测量值与标准值不符，则需进行电机控制器供电电路导通性测试，确认是否存在断路故障。以同样的方法检测电机控制器低压线束插接器 B28/11 针脚。

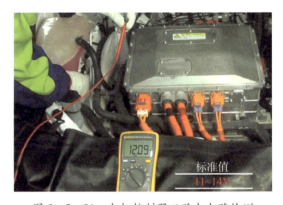

图 3-2-31　电机控制器双路电电路检测

检测内容	检测条件	标准值
B28/10 针脚—车身搭铁	断开电机控制器低压线束插接器,连接低压蓄电池负极,并打开车辆电压开关至ON挡	11~14 V
B28/11 针脚—车身搭铁	断开电机控制器低压线束插接器,连接低压蓄电池负极,并打开车辆电压开关至ON挡	11~14 V

2. 电机控制器动力 CAN 网检测

(1) 将红表笔连接电机控制器低压线束插接器 B28/9 针脚,黑表笔连接车身搭铁,测量动力网 CAN-H 信号电压值。等数值稳定后读取电压值,若检测值与标准值范围不符,需检修动力网 CAN-H 信号电路。

(2) 将红表笔连接电机控制器低压线束插接器 B28/14 针脚,黑表笔连接车身搭铁,测量动力网 CAN-L 信号电压值。等数值稳定后读取电压值,若检测值与标准值范围不符,需检修动力网 CAN-L 信号电路,如图 3-3-32 所示。

图 3-2-32 电机控制器动力网 CAN-L 信号电压检测

检测内容	检测条件	标准值
B28/9 针脚—车身搭铁	连接蓄电池负极电缆并打开车辆电源开关至ON挡	2.5~3.5 V
B28/14 针脚—车身搭铁	连接蓄电池负极电缆并打开车辆电源开关至ON挡	1.5~2.5 V

3. 电机控制器碰撞信号电路检测

将红表笔连接电机控制器低压线束插接器 B28/5 针脚,黑表笔连接车身搭铁,检测信号电压,如图 3-3-33 所示。待万用表数值稳定后,记录万用表数值。若测量值与标准值不符,则检修电机控制器的碰撞信号电路。

图 3-2-33　电机控制器碰撞信号电路检测

检测内容	检测条件	标准值
B28/5 针脚—车身搭铁	连接蓄电池负极电缆并打开车辆电源开关至 ON 挡	8 V

4. 电机控制器搭铁电路检测

（1）关闭车辆电源开关。

电机控制器低压线束搭铁电路的电阻检测前，需断开低压蓄电池负极。

（2）将万用表调整至电阻测试挡。

（3）将红表笔连接电机控制器低压线束插接器 B28/8 针脚，黑表笔连接车身搭铁，如图 3-3-34 所示。检测搭铁电路电阻，如图 3-2-35 所示，待万用表数值稳定后记录万用表数值。若测量值与标准数值不符，则说明搭铁断路故障，需进一步检修。

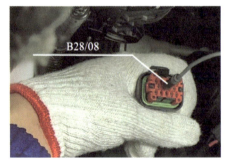

图 3-2-34　电机控制器搭铁电路连接

图 3-2-35　电机控制器搭铁电路检测

（4）以同样的方法，依次将红表笔连接到电机控制器低压线束插接器 B28/1 和 B28/6 针脚,黑表笔连接至车身搭铁,并分别记录测得电阻值。若测量值与标准数值不符,则说明搭铁电路存在故障,需对搭铁电路进行维修。

检测内容	检测条件	标准值
B28/8 针脚—车身搭铁	关闭车辆电源开关,需断开低压蓄电池负极	<1Ω
B28/1 针脚—车身搭铁	关闭车辆电源开关,需断开低压蓄电池负极	<1Ω
B28/6 针脚—车身搭铁	关闭车辆电源开关,需断开低压蓄电池负极	<1Ω

（5）安装电机控制器低压线束插接器,如图 3-2-36 所示。

（6）安装低压蓄电池负极,如图 3-2-37 所示。

图 3-2-36 安装电机控制器低压线束插接器

图 3-2-37 安装低压蓄电池负极

◆ **整理清洁**

按照 7S 管理标准,整理工具、场地和设备。

任务小结

本任务以 2018 款和 2019 款比亚迪 E5 为例介绍了典型电机控制器的结构、控制方式及检修方法。

2019 款比亚迪 E5 的电机控制器为独立结构式电机控制器,主要用于驱动电机的工作状态监测、控制以及与整车控制器之间的信息交互。这款车的电机控制器、驱动电机、主减速器集成在一起构成电驱动总成。电机控制器外部分别与进水管、出水管、低压线束插接口、高压线输入接口和三相交流线输出接口连接,内部主要由 IGBT 模块（逆变和整流模块）、大容量薄膜电容、主动泄放模块、被动泄放模块等组成。

2018款比亚迪E5电机控制器与车载充电机、高压配电器和DC‐DC转换器集成在一起构成高压电控总成,所以这种结构形式的电机控制器为非独立结构式,即电机控制器是高压电控总成的一部分。这款纯电动汽车的电机控制器位于安装在车辆的前舱内的高压电控总成内部,其外部有高压接口和低压接口。高压接口有电池包高压直流输入接口(即直流母线正极接口、直流母线负极接口)和电机控制器三相交流电输出接口(即驱动电机三相交流电输入接口);而电机控制器低压输出接口,也称为64PIN低压线束插接器。这款电机控制器主要由大容量薄膜电容(660μF母线电容总成、70μF、25μF)、VTOG控制板、IGBT模块(IGBT驱动板和IGBT)、三相交流输出霍尔电流传感器、VTOG电源电路板等组成,其中在VTOG控制板上还有确保其安全的主动泄放模块和被动泄放模块。

2018款和2019款比亚迪E5电机控制器的控制内容相同,都包括驱动控制与充电控制。驱动控制(放电)是采集加速踏板、制动踏板、挡位、旋变等信号,实现前进、倒车、减速或制动时正反转发电功能,具有高压输出电压和电流控制功能;充电控制具有交直流转换,双向充放电控制,自动识别单相、三相相序并根据充电电流控制充电方式,根据充电设备识别充电功率控制充电方式,根据车辆或其他设备请求信号控制车辆对外放电的功能,还具有断电重启功能,即在电网断电后又供电时,可继续充电的功能。

纯电动汽车电机控制器检修包括基本检查、在线检测、绝缘检测、电器元件检测四部分内容。基本检查主要检查电机控制器各插接器及连接线束是否正常;在线检测主要利用电脑诊断仪读取电机控制器故障码和数据流,从而监测电机控制器的状况;绝缘检测主要借助兆欧表检测电机控制器高压输入插接器及高压线束绝缘电阻,从而判断其绝缘性能是否正常;电器元件检测主要万用表检测高压接触器、电阻、电容及IGBT是否正常。

一、判断题

1. 电机控制器是电机驱动系统的控制单元。　　　　　　　　　　　　　　(　)
2. 电机控制器通过调整供给驱动电机的电流和频率控制驱动电机的转速、转向和转矩。
　　　　　　　　　　　　　　　　　　　　　　　　　　　　　　　　(　)
3. 2019款比亚迪E5电机控制器在高压电控总成内部。　　　　　　　　　　(　)
4. 2019款比亚迪E5电机控制器通过低压线束插接器与低压电器相连,可以进行低压供电及信号传输。　　　　　　　　　　　　　　　　　　　　　　　　　(　)
5. 电机控制器的主控板就是IGBT驱动板。　　　　　　　　　　　　　　(　)

二、选择题

1. 下列电机控制器的外部接口是低压接口的是(   )。【单选题】
   A. 进、出水管　　　　　　　　　　B. 低压线束插接口
   C. 高压线输入接口　　　　　　　　D. 三相交流线输出接口

2. 2019 款比亚迪 E5 电机控制器的(   )能监测驱动电机绝对位置和转速。【单选题】
   A. 主控芯片　　　　　　　　　　　B. CAN 网络
   C. 采样电路　　　　　　　　　　　D. 旋变电路
   E. 电源电路

3. 2018 款比亚迪 E5 电机控制器的低压输出接口是(   )的低压线束插接器。【单选题】
   A. 16PIN　　　　B. 32PIN　　　　C. 64PIN　　　　D. 16PIN

4. 下列属于 2019 款比亚迪 E5 电机控制器的主控板组成部分的是(   )。【多选题】
   A. 主控芯片　　　　　　　　　　　B. CAN 网络
   C. 采样电路　　　　　　　　　　　D. 旋变电路
   E. 电流传感器　　　　　　　　　　F. 温度传感器

5. 下列是电机控制器内部组成的是(   )。【多选题】
   A. IGBT 模块　　　　　　　　　　B. 控制板
   C. 大容量薄膜电容　　　　　　　　D. 主动和被动泄放模块
   E. 电流传感器　　　　　　　　　　F. 温度传感器

三、简答题

1. 简述电机控制器的驱动控制原理。
2. 简述电机控制器的充电控制原理。

项目四 减速器总成结构原理与检修

项目概述

传统内燃机车与纯电动汽车的动力源不同,因而传统内燃机车与纯电动汽车的传动系统不同。

内燃机车的动力源是发动机,其合理的转速区间较窄,需要用到变速器来扩大驱动转矩和转速的变化范围,所以内燃机车传动系统借助离合器、变速器及主减速器总成等部件将动力通过传动轴传递至驱动车轮带动车辆行驶。纯电动汽车的动力源是驱动电机,它具有很宽的合理转速范围(在低速时能够输出较大转矩,高速时能够输出恒功率)且自身携带变速器属性,所以纯电动汽车驱动电机产生的驱动力直接传递给减速器总成,利用减速器总成减速、增矩后通过传动轴传递给驱动车轮,带动车辆行驶。减速器总成作为纯电动汽车的主要传动装置,有着特定的功能和意义。

本项目主要介绍减速器总成基本组成与原理、典型减速器总成结构与检修。

任务 1　减速器总成基本组成与原理

任务目标

1. 了解减速器总成的作用。
2. 熟悉减速器总成的分类。
3. 掌握减速器总成的组成。
4. 掌握减速器总成的工作原理。

任务导入

某职业院校新能源汽车技术专业的学生，通过前面的学习了解到电机驱动系统主要由驱动电机、电机控制器、减速器总成和电驱冷却系统组成。现班级要开始学习减速器总成相关知识，老师提出三个问题：一是纯电动汽车为什么要有减速器总成？二是减速器总成由哪些部件组成？三是减速器总成是如何工作的？要求班级同学通过减速器总成基本组成与原理的学习，整理出这三个问题的答案。

知识储备

减速器总成是电机驱动系统的传动装置，它主要用于将驱动电机输出的驱动转速和转矩经过减速、增矩后，通过半轴传递给驱动车轮，从而驱动车辆行驶。一般情况下，纯电动汽车减速器总成与驱动电机的输出端相连接，安装于驱动桥上，如图4-1-1所示。纯电动汽车减速器总成大多采用具有固定传动比的二级减速器，这里主要介绍减速器总成的类型、作用、组成与原理。

纯电动汽车减速器总成可以将电机的驱动转矩传输给汽车的驱动轴，从而带动汽车行驶。由于纯

图4-1-1　减速器总成安装位置

电动汽车驱动电机可以直接带动负载起动,并可以通过控制电路电流流向或者改变三相绕组顺序来改变电机转向来实现倒挡,通过改变三相电的频率改变电机转速,所以纯电动汽车用于动力传动的减速器总成可以没有离合器。纯电动汽车减速器总成大多由具有固定传动比的二级减速器和差速器组成,这类减速器总成与传统汽车的传动系统相比具有结构简单、体积小、占用空间少的特点。

一、减速器总成功用

纯电动汽车驱动车辆有两种方式,一种是驱动电机直驱车辆,也称为直驱方式;另一种是驱动电机经减速器总成传递到驱动轮驱动车辆,也称为驱动电机+减速器驱动方式。目前两种方案同时存在,但电机+减速器总成方案应用偏多。

直驱方式不用减速器总成,但为了驱动车辆,所配备的驱动电机具有低速、大转矩的特征,而在转矩一定的情况下,转速和功率成正比,相同功率的驱动电机转速越低,体积和重量就越大,所以带来的问题就是驱动电机的尺寸和重量都比较大,输出的功率曲线不一定满足车辆要求。电机直驱需要复杂的算法匹配驱动桥的左、右驱动轮不同的转弯半径和轮速差,而且要动态保持车轮实际转速和理论一样,否则就不能避免车轮打滑,造成不必要的风险。如外转子的轮毂电机驱动为了满足使用要求,其设计难度和控制逻辑就比较难。

驱动电机+减速器驱动方式,因为有减速器总成的减速增矩,即使驱动电机输出的转矩较小,也可以提供爬坡和低速行驶等工况下的较大转矩。这样可以不用选用大转矩的电机,从而降低驱动电机重量、体积和成本。同时,车在转弯的时候,左、右两个车轮的转速是有差异的,减速器总成内部的差速器可以根据行驶阻力变化自动调节左、右车轮转速。

综上,减速器总成的主要功用体现在两方面:一方面是将驱动电机的输出转速降低、转矩增大,并传递给汽车驱动轴,以实现整车对驱动系统的转矩、转速需求,带动车辆行驶;另一方面是通过齿轮改变转矩的传递方向,通过差速器实现两侧车轮转速差,保证内、外侧车轮以不同转速滚动而非滑动。

二、减速器总成分类

减速器总成是电机驱动系统不可或缺的机械传动部件,利用它可以实现转速降低、转矩增大。减速器的种类繁多,根据不同的分类标准可以分为不同类型,不同类型减速器具有不同用途。

(一)按传动齿轮结构不同分类

新能源汽车的减速器总成,按减速器总成齿轮的结构形式不同分为直齿轮结构形式减速器总成和斜齿轮结构形式减速器总成,两者的特点也不尽相同。

直齿轮减速器总成传动的平稳性差,冲击噪声大,体积较大,所以其安装需要足够的空间,尤其是多级减速装置,一般适用于底盘空间较大的商用车。斜齿轮减速器总成的齿轮重合度大,啮合齿数多,可以减小冲击和噪声,使传动更加平稳可靠,并能承受高速过载,所以其应用比较多,乘用车、商用车减速器总成都可以用。同时,为确保安全可靠,斜齿轮减速器总成要基于精确的制造、精湛的表面处理,所以其对制造工艺要求较高。目前新能源汽车市场上的某些减速器内部齿轮有直齿和斜齿的组合结构。

(二) 按传动级数不同分类

按照传动级数不同可分为单级减速器和多级减速器。

单级减速器结构简单,重量轻,体积小,传动效率高,其动力性能满足小型观光车、中型以下货车及轿车的要求。这种减速器可以采用直齿轮传动,也可以采用斜齿轮传动。

多级减速器采用多组齿轮降速传动,既保证足够的动力又能减小其外廓尺寸,可保证足够的离地间隙,提高汽车的通过性。目前,纯电动汽车多采用二级减速器。

(三) 按传动速比个数分类

按减速器总成传动速比个数分为单挡减速器和两挡减速器。单挡减速器的传动比是固定的,目前大多数纯电动乘用车都采用固定速比的单挡减速器。配置这种减速器的车辆,无论在起步还是最高速行驶时始终是固定单速比传动。但单速比的单挡减速器,要配置输出功率足够大的驱动电机才能满足汽车行驶过程中的动力性能,所以配置这种减速器的车辆,其经济性不高。两挡减速器有两个传动比,可以通过操作杆的操作实现两个速比变化。配置这种减速器的车辆可以根据路况及驾驶需求自动变换挡位,使车辆满足不同工况下的行驶需求。一般这种减速器总成用于动力需求较大的四轮驱动乘用车和商用汽车。

(四) 按动力驱动形式分类

按动力驱动形式不同,常见的减速器总成有电驱三合一驱动桥中的减速器总成和轮边减速器。三合一驱动桥总成即驱动电机、减速器、电机控制器三合一。图4-1-2所示即为GKN吉凯恩三合一电驱动系统。驱动电机、电机控制器和减速器经过高度整合,体积大幅缩减,更能支持新能源车型紧凑的动力布局。同时,模块内部集成大功率交流驱动铜排进一步降低了线缆成本。

在重型载货车、越野汽车或大型客车上,当要求有较大主传动比和较大的离地间隙时,往往将双级主减速器中的第二级减速齿轮机构制成同样的两套,分别安装在两侧驱动车轮近旁,称为轮边减速器,如图4-1-3所示。而第一级即

图4-1-2 GKN吉凯恩三合一电驱动系统

称为主减速器。采用轮边减速器可使驱动桥中主减速器尺寸减小,保证足够的离地间隙,并可得到比较大的主传动比。由于半轴在轮边减速器之前,所承受的转矩大为减小,因而半轴和差速器等零件尺寸可以减小。但是需要两套轮边减速器,结构复杂,制造成本也较高。

图 4-1-3 轮边减速器

三、减速器总成组成

在纯电动汽车电机驱动系统中,减速器总成是驱动电机和传动轴之间的独立的封闭式传动装置,用来降低转速和增大转矩。目前,纯电动汽车大多采用固定传动比的两级减速器,从功能上来看主要由实现减速、增矩功能的齿轮减速机构和实现两侧车轮差速作用的差速器总成组成。其具体由箱体(左右箱体)、齿轮减速机构、差速器组件等组成,如图 4-1-4 所示。

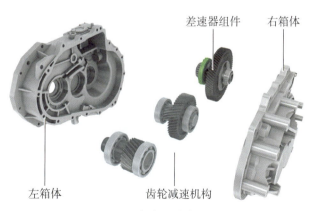

图 4-1-4 减速器总成结构组成

(一) 箱体

箱体是减速器总成的重要组成部分。它是减速器总成内部齿轮减速机构和差速器等传动部件的安装基础,是传动零件的基座,可以支承和固定轴系部件,保证传动零件的正确相对位置并承受作用在减速器上的负荷。箱体一般还兼作润滑油的油箱,具有充分润滑和很好地密封箱体零件的作用。为了保证减速器总成的正常工作,要确保箱体内有合适液面高度的润滑油,且要及时确保润滑油品质良好。

1. 箱体要求

为了充分保护内部的组件,减速器总成箱体应具有足够的强度和刚度,所以对减速器总成箱体材质有较高的要求。一般,为了满足箱体的要求,减速器箱体采用灰铸铁制造,对于重载或有冲击载荷的减速器也可以采用铸钢箱体。灰铸铁具有很好的铸造性能和减振性能。为了便于轴系部件的安装和拆卸,箱体制成沿轴心线水平剖分式。左右箱体用螺栓连接成一体。轴承座的连接螺栓应尽量靠近轴承座孔,而轴承座旁的凸台应具有足够的承托面,以便放置连接螺栓,并保证旋紧螺栓时需要的扳手空间。为保证箱体具有足够的刚度,应在轴承孔附近加支撑肋。

2. 箱体结构

为了满足其使用要求,减速器总成箱体上还设有检查孔、通气孔、轴承座孔、定位销、油位指示器、放油孔和放油螺塞,各部分作用和意义具体如下。

(1) 检查孔。为检查传动零件的啮合情况,并方便向箱内注入润滑油,应在箱体的适当位置设置检查孔。检查孔设在上箱盖顶部能直接观察到齿轮啮合部位处。平时,检查孔的盖板用螺钉固定在箱盖上。

(2) 通气孔。在减速器工作时,箱体内温度升高,气体膨胀,压力增大。为使箱内热胀空气能自由排出,以保持箱内外压力平衡,不致使润滑油沿分箱面或轴伸密封件等其他缝隙渗漏,通常在箱体顶部装设通气孔。

(3) 轴承座孔。为固定轴系部件的轴向位置并承受轴向载荷,轴承座孔两端用轴承盖封闭。轴承盖有凸缘式和嵌入式两种,利用六角螺栓固定在箱体上,外伸轴处的轴承盖是通孔,其中装有密封装置。凸缘式轴承盖的优点是拆装、调整轴承方便;但和嵌入式轴承盖相比,零件数目较多,尺寸较大,外观不平整。

(4) 定位销。为保证每次拆装箱盖时,仍保持轴承座孔制造加工时的精度,应在精加工轴承孔前,在箱盖与箱座的连接凸缘上配装定位销。定位销安置在箱体纵向两侧连接凸缘上,对称箱体应呈对称布置,以免错装。

(5) 油位指示器。为了方便检查减速器内油池油面的高度,确保油池内有适量的油,一般在箱体便于观察、油面较稳定的部位装设油位指示器。

(6) 放油孔及放油螺塞。为了能更换润滑油,在减速器箱体上合适位置设置了放油孔,并配以放油螺塞。当需要换油时,放油孔用来排放污油和清洗剂。一般在油池的最低位置处开设放油孔,所以其一般在箱座底部。平时用螺塞将放油孔堵住,放油螺塞和箱体接合面间应加防漏用的垫圈。

(二)齿轮减速机构

齿轮减速机构也称为齿轮减速装置,是齿轮、轴及轴承的组合体。齿轮减速机构可以将驱动电机的动力通过啮合齿轮进行变速及动力传递。

1. 齿轮减速机构作用

实现减速传动:当主动轴的转速不变时,利用齿轮传动降低从动轴转速,这种传动称为减速传动。

2. 齿轮减速机构要求

从齿轮与轴承行业来看,齿轮材料要求具有高弯曲疲劳强度和接触疲劳强度,齿面有足够的硬度和耐磨性,零件心部具有良好的强度和韧性。按照动力传递要求,减速器总成内部有直齿齿轮和斜齿轮。一般主动齿轮为斜齿轮,这种带斜齿轮的轴安装位置更自由,工作噪声低,结构紧凑,占用空间小。

3. 齿轮减速机构组成

目前,纯电动汽车的齿轮减速机构可以实现二级减速,其主要组成有输入轴组件、中间轴组件和差速器轴齿轮组件,如图 4-1-5 所示。

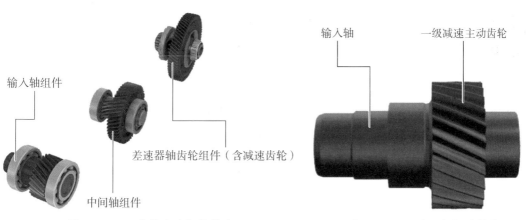

图 4-1-5 齿轮减速机构构成　　　　图 4-1-6 输入轴组件构成

(1)输入轴组件。输入轴组件是一种齿轮、齿轮轴及轴承组合并制成一体的齿轮轴,这种结构采用常啮合齿轮传动。常见的输入轴组件主要由输入轴、一级减速主动齿轮等组成,如图 4-1-6 所示,其上面的主动齿轮一般为斜齿轮,这种带斜齿轮的轴安装位置更自由,工作噪声低,结构紧凑,占用空间小。

（2）中间轴组件。中间轴组件主要由一级减速从动齿轮和二级减速主动齿轮构成，如图4-1-7所示。输入轴的一级减速主动齿轮与中间轴的一级减速从动齿轮啮合，进行一级减速。

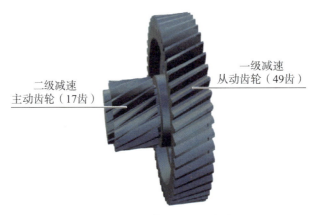

图4-1-7 中间轴组件构成

（3）差速器轴齿轮组件。差速器轴齿轮组件位于差速器上，与减速机构有关的部件主要为差速器齿轮，即二级减速从动齿轮，其齿轮为斜齿轮，并固定在壳体上。图4-1-8中所示为二级减速从动齿轮。中间轴的二级减速主动齿轮与差速器轴的二级减速从动齿轮啮合，进行二级减速。

差速器工作原理

差速器功用

图4-1-8 差速器轴齿轮组件

（三）差速器组件

差速器组件是由差速器壳总成、行星齿轮轴、行星齿轮、半轴齿轮等组成。差速器的作用是将齿轮减速机构传来的动力传给左右两半轴，并在转弯时允许左右半轴以不同转速旋转，以满足两侧驱动轮差速的需要。

四、减速器总成工作原理

减速器总成是一种把较高的转速转变为较低转速并增强转矩的装置。它的应用范围相当广泛,从交通工具的船舶、汽车、机车,到日常生活中的家电、钟表等,几乎在各式机械的传动系统中都可以见到它的踪迹。这里以齿轮减速器为例介绍减速器总成的工作原理。

减速器总成结构
(荣威 E50)

在新能源汽车工作过程中,驱动电机产生的驱动力传递至减速器总成输入轴的主动齿轮,经过一级或两级减速、增矩后传递给差速器进行动力分配,再通过两侧传动轴将动力传递给车辆驱动轮,驱动车辆行驶。在减速器总成内部的轮系减速机构中,主动齿轮与从动齿轮啮合,主动齿轮的齿数少于从动齿轮的齿数。因为减速器的转速比与主从动齿轮的齿数比成反比,所以当动力源(如驱动电机)高速运动时,可通过减速器的输入轴的主动齿轮传动到输出轴的输出齿轮低速运动,从而达到减速的目的。

减速器工作原理
(荣威 E50)

本任务介绍了减速器总成作用、减速器总成分类、减速器总成组成及减速器总成工作原理。

减速器总成的主要功用体现在两方面:一方面是将驱动电机的输出转速降低、转矩增大,并传递给汽车驱动轴,以实现整车对驱动系统的转矩、转速需求,带动车辆行驶。另一方面是通过齿轮改变转矩的传递方向,通过差速器实现两侧车轮转速差,保证内、外侧车轮以不同转速滚动而非滑动。

新能源汽车的减速器总成,按减速器齿轮的结构形式不同,分为直齿轮结构形式减速器、斜齿轮结构形式减速器。按参加减速传动的齿轮副数目分有单级减速器和多级减速器。按主减速器传动速比个数分有单挡减速器和两挡减速器。按动力驱动形式不同,常见的减速器总成有电驱三合一驱动桥中的减速器总成和轮边减速器。

目前,纯电动汽车大多采用固定传动比的二级减速器,从功能上来看其主要由实现减速、增矩功能的齿轮减速机构和实现两侧车轮差速作用的差速器总成组成,其具体由箱体(左右箱体)、齿轮减速机构、差速器组件等组成。

在新能源汽车工作过程中,驱动电机产生的驱动力传递至减速器总成输入轴的主动齿轮,经过一级或两级减速、增矩后传递给差速器进行动力分配,再通过两侧传动轴将动力传递给车辆驱动轮,驱动车辆行驶。减速器总成内部的轮系减速机构中,主动齿轮与从动齿轮啮合,主动齿轮的齿数少于从动齿轮的齿数。因为减速器的转速比与主从动齿轮的齿数比成反比,所以当动力源(如驱动电机)高速运动时,可通过减速器的输入轴的主动齿轮传动到输出轴的输出齿轮低速运动,从而达到减速的目的。

一、判断题

1. 一般,纯电动汽车减速器总成与驱动电机的输出端相连接,安装于驱动桥上。(　　)
2. 纯电动汽车减速器总成由大多采用具有固定传动比的三级减速器和差速器组成。(　　)
3. 车在转弯的时候,左右两个轮的转速是有差异的。(　　)
4. 减速器总成将驱动电机的输出转速升高、转矩增大,并传递给汽车驱动轴,以实现整车对驱动系统的转矩、转速需求。(　　)
5. 按参加减速传动的齿轮副数目分有单级减速器和二级减速器。(　　)

二、选择题

1. (　　)可以实现降低转速,增加转矩。【单选题】
   A. 电机控制器　　　　　　　　　B. 高压电控总成
   C. 减速器总成　　　　　　　　　D. 驱动电机
2. 按主减速器传动速比个数分有单挡减速器和(　　)。【单选题】
   A. 两挡减速器　　　　　　　　　B. 三挡减速器
   C. 五挡减速器　　　　　　　　　D. 多挡减速器
3. 传动零件的基座是(　　)。【单选题】
   A. 齿轮减速机构　　B. 箱体　　C. 差速器组件　　D. 轴承
4. 三合一驱动桥总成由(　　)等组成。【多选题】
   A. 电机控制器　　　　　　　　　B. 高压电控总成
   C. 减速器　　　　　　　　　　　D. 驱动电机
5. 减速器总成主要由(　　)组成。【多选题】
   A. 左箱体　　　　　　　　　　　B. 右箱体
   C. 齿轮减速机构　　　　　　　　D. 差速器组件

三、简答题

1. 简述减速器总成各部分组成的作用。
2. 简述减速器总成的工作原理。

任务 2 典型减速器总成结构与检修

任务目标

1. 了解减速器总成安装位置。
2. 掌握减速器总成结构。
3. 掌握减速器总成工作过程。
4. 了解减速器总成工作特点。
5. 掌握减速器总成检修方法。

任务导入

一辆比亚迪 E5 被拖送至 4S 店进行维修，车主反映该车近期进行过维护，现行驶过程中底盘出现异响。维修接待人员试车发现该车上电后仪表各指示灯正常，行驶过程中异响发生在减速器总成位置。经高级维修技师诊断，为减速器总成故障，现需要进行减速器总成检修。请学习减速器总成结构与检修相关知识，完成减速器总成检修任务。

知识储备

减速器总成可以将汽车驱动电机的输出转速降低、转矩增大，以满足整车对驱动电机的转矩、转速需求。目前新能源汽车上应用较多的是电驱三合一驱动桥和独立结构的有固定速比的减速器总成。这里主要以单挡二级减速器总成为例介绍减速器的结构、工作特点及检修方法。

一、减速器总成结构与工作特点

应用在纯电动汽车上的减速器总成，无论是电驱三合一驱动桥中的还是独立结构的减速器总成，都是典型的单挡二级减速器总成，这里主要介绍这种减速器的位置、结构及工作特点。

（一）安装位置

1. 电驱三合一减速器总成位置

电驱三合一结构是目前纯电动汽车应用较多的，这种电驱三合一结构中电机控制器、驱动电机、主减速器组合在一起构成驱动桥总成，有些车的驱动电机与电机控制器之间的高压线束采用内部连接。图4-2-1所示为比亚迪E5电驱动桥总成，这种结构外部的高压线束直接连接至提供高压直流电的动力电池，减速器总成与驱动电机的输出轴连接安装在驱动电机的输出端。这种电驱三合一电驱结构形式中，电机控制器、驱动电机和减速器总成都位于前机舱内充配电总成下部，如图4-2-2所示，而驱动电机和减速器总成位于电机控制器下方。

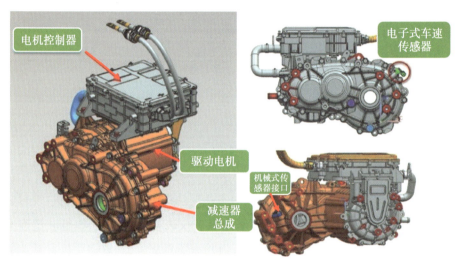

图4-2-1 比亚迪E5动力总成图

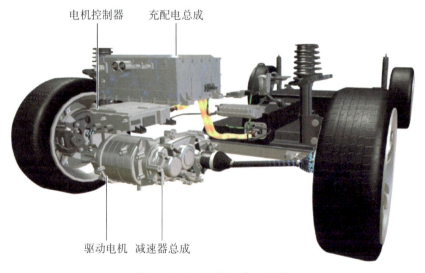

图4-2-2 电驱三合一位置

2. 独立结构的减速器总成位置

独立结构的减速器总成是一种常见结构形式,这种结构中电机驱动系统中的驱动电机、电机控制器和减速器之间是相对独立的,减速器总成位于汽车前机舱内电机控制器下方左侧位置,如图4-2-3所示。

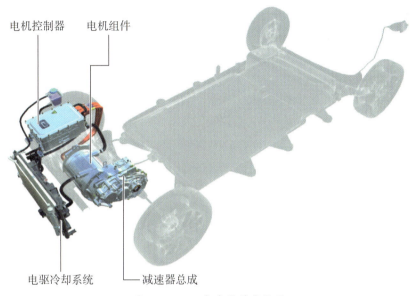

图4-2-3 减速器总成位置

(二)减速器总成结构

单挡二级减速器总成依靠两级齿轮副来实现减速增矩。其结构按功用和位置分为五大组件:左箱体、输入轴组件、中间轴组件、差速器(输出轴)组件、右箱体,图4-2-4所示为比亚迪E5减速器总成。动力由电机输入,经过二级减速齿轮减速将动力传至差速器,再由差速器将动力分配至两侧车轮。这里以比亚迪E5减速器总成为例,介绍单挡二级减速器总成。

比亚迪E5减速器总成采用的是一个具有固定传动比的二级减速装置,由两组齿轮副实现降速增矩,总传

减速器总成结构
(比亚迪E5)

图4-2-4 比亚迪E5减速器总成结构

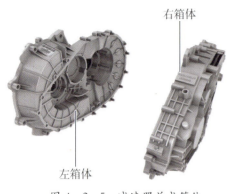

图 4-2-5 减速器总成箱体

动比为 9.342。其采用浸油润滑方式,润滑油为齿轮油 SAE80W-90;环境温度低于-15℃时换用 SAE75W-90。下面介绍它的具体结构和工作特点。

1. 箱体

箱体由左右箱体两部分构成,如图 4-2-5 所示。它是减速器中所有零件的基座,是支承和固定轴系部件,保证传动零件的正确相对位置并承受作用在减速器上的负荷的重要零件。箱体一般还兼作润滑油的油箱,具有充分润滑和很好地密封箱体零件的作用。

2. 输入轴组件

减速器的输入轴组件主要由减速器的输入轴、一级减速主动齿轮和轴承构成,如图 4-2-6 所示。输入轴的动力来自驱动电机。

输入轴组件结构（比亚迪 E5）

图 4-2-6 输入轴组件

3. 中间轴组件

减速器的中间轴,也称为副轴,主要由中间轴、一级减速从动齿轮、二级减速主动齿轮和轴承构成,如图 4-2-7 所示。输入轴的一级减速主动齿轮与中间轴的一级减速从动齿轮啮合,构成一级减速,其传动为 3.158。

副轴结构（比亚迪 E5）

图 4-2-7 副轴(中间轴组件)

4. 差速器

差速器由差速器外壳、行星齿轮轴、2个行星齿轮、2个半轴齿轮和二级减速从动齿轮构成,如图4-2-8所示。差速器的功用是将二级减速从动齿轮的动力传递给左右两个半轴,并允许左、右半轴以不同的转速旋转,使左、右驱动轮相对地面滚动而不是滑动。二级减速从动齿轮与中间轴的二级减速主动齿轮啮合构成二级减速,其传动比为2.958。减速器总成的总传动比等于一级传动比×二级传动比,为9.342,即:二级减速器总传动比 = 一级传动比×二级传动比 = 3.158×2.958 = 9.342。

差速器动力传递路线:二级减速从动齿轮→差速器壳→行星齿轮轴→行星齿轮→半轴齿轮→左右半轴→左右驱动轮。根据左右两驱动轮遇到的阻力情况不同,差速器可使其等速转动或不等速转动。

差速器结构（比亚迪 E5）

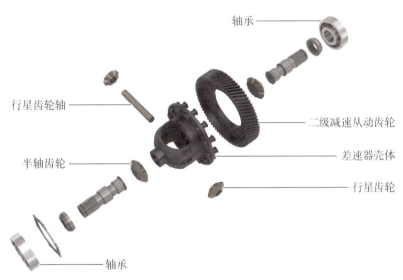

图 4-2-8 差速器结构

（三）减速器总成工作过程

比亚迪 E5 的减速器采用两组齿轮副实现降速增矩。下面将从行驶状态、减速/制动(前进)、倒车三个方面对比亚迪 E5 减速器的动力传递路线进行讲解。

1. 行驶状态

车辆前进驱动时,减速器的动力传递路线为:驱动电机(正转)→输入轴→一级减速主动齿轮→中间轴一级减速从动齿轮→中间轴二级减速主动齿轮→二级减速从动齿轮→差速器半轴齿轮→左右半轴→左右驱动轮,如图4-2-9所示。

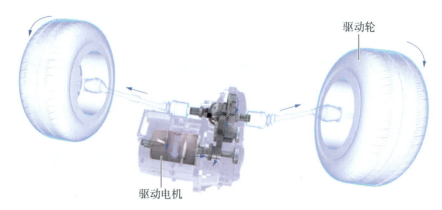

图4-2-9 驱动状态(前进)时减速器的动力传递路线

2. 减速/制动状态（前进）

车辆在前进挡状态下，松开加速踏板/踩下制动踏板时，减速器的动力传递路线为：左右驱动轮→左右半轴→差速器半轴齿轮→二级减速从动齿轮→中间轴二级减速主动齿轮→中间轴一级减速从动齿轮→输入轴→驱动电机，如图4-2-10所示。

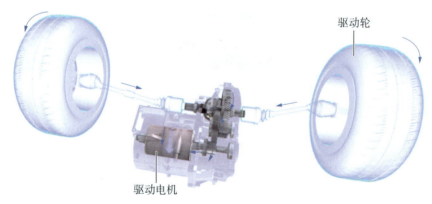

图4-2-10 减速/制动状态(前进)时减速器的动力传递路线

3. 倒车

车辆倒车时，减速器的动力传递路线为：驱动电机（反转）→输入轴→一级减速主动齿轮→中间轴一级减速从动齿轮→中间轴二级减速主动齿轮→二级减速从动齿轮→差速器半轴齿轮→左右半轴→左右车轮（反转），如图4-2-11所示。

（四）工作特点

单挡二级减速器总成是具有固定传动比的二级减速装置，有两组齿轮副实现降速增矩，整个工作过程经过两级减速进行动力传递。但是这种减速器总成的传动比是固定的，没办

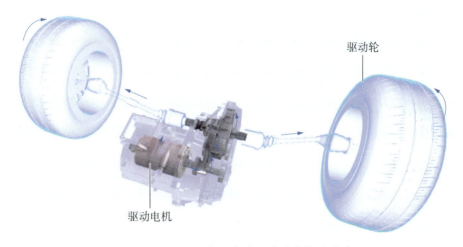

图 4-2-11 倒车时减速器的动力传递路线

法通过操纵手柄进行挡位变换。其采用浸油润滑方式,润滑油为齿轮油 SAE80W-90;环境温度低于 -15℃时换用 SAE75W-90。

二、减速器总成检修

根据减速器的结构和使用特点,减速器总成检修可以分为减速器总成维护和检测两部分。

（一）减速器总成维护

减速器总成维护主要是根据使用周期或里程进行的基本检查和油液更换。若对初期使用的车辆进行初期保养,减速器磨合后,建议 3000km 或 3 个月更换润滑油,下次开始进行定期维护,且减速器总成维护保养应在整车特约维修点进行。

1. 减速器基本检查

① 举升车辆至合适位置,目视检查油液观察孔,看油液液位是否正常。

② 目视检查减速器总成表面是否有裂纹、锈蚀及磕碰现象,并仔细查看减速器总成表面是否有泄漏的油液,若有需进一步检修。

2. 减速器油更换

① 清洁减速器总成外部表面。

② 根据减速器结构,找到减速器总成的排油孔和加油孔,并按照操作规范排净减速器总成内的油液,用油液收集器收集。

③ 打开减速器总成的加油孔,用专用加油工具添加适量的减速器总成的油液。

> **注意事项**
> （1）当加油孔打开时，应防止杂质进入油槽中，因杂质会缩短减速器总成的使用寿命。
> （2）油液的级别可选择原厂油液或与推荐油液完全等效的油，且所添加油量要符合标准。
> （3）在储存的情况下应特别注意油位，如有泄漏应立即检修。

（二）减速器总成检测

1. 减速器总成不解体检查

减速器总成不解体检查前需将车辆举升至合适操作高度，检查减速器表面是否有泄漏或者破损，若发现有破损或者漏油等异常状况应立即停止车辆使用，并将车辆移至厂家指定维修站点。

2. 减速器总成解体检测

减速器总成解体检测主要包括两方面内容，分别是减速器总成拆卸和减速器总成检测。

（1）减速器总成拆卸。车辆举升至合适操作高度后，拆卸车辆悬架及驱动桥总成，分离主减速器和驱动电机，将主减速器放置于升降平板车上。

根据减速器总成的组成依次拆卸相关部件，包括差速器半轴、输入轴的拆卸，减速器前后箱体分离，减速器齿轮传动机构拆卸。

① 差速器半轴、输入轴的拆卸。使用一字螺丝刀拆卸左右两侧半轴的挡圈和密封圈，并用抹布包裹差速器半轴后，拆卸差速器半轴上的固定螺栓。同样方法拆卸输入轴密封圈和减速器与驱动电机结合密封圈。

② 减速器前后箱体分离。使用套筒、接杆、指针式扭力扳手组合工具拆卸差速器、减速器内外侧固定螺栓，并妥善放置，使用头部包裹胶带的一字螺丝刀轻撬减速器壳体，将减速器前箱体与后箱体分离。

③ 减速器齿轮传动机构拆卸。取下磁铁及差速器齿轮轴垫圈，并脱下手套轻轻晃动，取下差速器齿轮轴，并妥善放置。使用套筒、接杆、指针式扭力扳手组合工具拆卸中间轴和输入轴上的固定螺栓。

（2）减速器总成齿轮机构检测。减速器总成减速机构检查前需先进行减速机构的清洁。这里包括三方面内容，分别是减速器总成减速机构的清洁、减速器总成减速机构的检查和减速器总成齿轮减速结构检测。

① 减速器总成齿轮减速机构的清洁。使用清洁刷清洁输入轴、中间轴和差速器齿轮轴，并用铲刀铲除前后箱体残余的密封胶。

② 减速器总成齿轮减速机构的检查。检查输入轴齿轮、中间轴齿轮、差速器齿轮和轴承是否有缺齿、锈蚀和异常磨损等情况,若有应更换新的中间轴齿轮。检查前后箱体外观和轴承外圈是否有损伤,若有应更换新的前箱体。检查减速器与驱动电机结合密封圈、左右两侧半轴密封圈和挡圈、输入轴密封圈是否老化、损坏,若有应更换新的密封圈。

③ 减速器总成齿轮减速机构检测。按照规范使用外径千分尺和钢直尺检测减速器总成箱体内轴承座的深度、差速器齿轮轴轴承面的高度,并计算差速器轴承片的厚度。

实训 1　减速器总成拆解与检测（比亚迪 E5）

请扫描二维码,查看"减速器总成拆解与检测(比亚迪 E5)"技能视频,结合视频内容及相关资料,规范地完成减速器总成拆解与检测(比亚迪 E5)的实训。

减速器总成拆解与检测(比亚迪 E5)

◆ **实训准备**

（1）设备:2019 款比亚迪 E5。
（2）工具:①常用工具:150 件工具套装、接油盘、大力钳、定扭式扭力扳手、清洁刷、指针式扭力扳手、小一字螺丝刀;②测量工具:钢直尺、游标卡尺;③专用工具:螺纹胶、密封胶、润滑油、橡胶锤、铲刀。
（3）防护用品:工作服、工作鞋。
（4）耗材:抹布。
（5）资料:维修手册、技能视频、学习工作页。

◆ **安全操作规范**

（1）实训操作前,请穿戴好个人安全防护用品。
（2）准备好实训所需设备及工具。
（3）操作中,请正确选择并规范地使用相关拆装和测量工具。

◆ **实训步骤**

一、驱动电机减速机构拆卸

1. 差速器半轴、输入轴拆卸
（1）使用头部包裹胶带的一字螺丝刀拆卸差速器左侧半轴挡圈。

（2）使用头部包裹胶带的一字螺丝刀拆卸差速器左侧半轴密封圈，如图 4-2-12 所示。

需在一字螺丝刀头部包裹胶带，以防损伤部件。

（3）将差速器左侧半轴用抹布包裹后，再使用管钳进行固定，使用 6 号内角套筒接杆棘轮扳手组合工具，拆卸差速器半轴固定螺栓，如图 4-2-13 所示。

用抹布包裹差速器半轴，以防损伤部件。

（4）松开管钳并取下抹布，取下左侧差速器半轴，并放置于合适位置。
（5）以同样的方法拆卸右侧差速器半轴，使用头部包裹胶带的一字螺丝刀拆卸输入轴密封圈。
（6）使用头部包裹胶带的一字螺丝刀拆卸减速器与驱动电机结合密封圈。

图 4-2-12　拆卸差速器左侧半轴密封圈

图 4-2-13　拆卸差速器半轴固定螺栓

2. 减速器前后箱体分离

（1）使用 10mm 套筒接杆、指针式扭力扳手组合工具，按对角线顺序，预松差速器 6 颗固定螺母，如图 4-2-14 所示。
（2）使用 10mm 套筒接杆、棘轮扳手组合工具，按同样顺序拆卸差速器 6 颗固定螺母，取下差速器固定螺母并妥善放置。
（3）使用 10mm 套筒接杆、指针式扭力扳手组合工具按对角线顺序预松减速器内侧 13 颗固定螺栓。
（4）使用 10mm 套筒接杆、棘轮扳手组合工具，按同样顺序拆卸减速器内侧 13 颗固定螺栓，取下减速器内侧 13 颗固定螺栓并妥善放置。

（5）使用 10 mm 套筒接杆、指针式扭力扳手组合工具，按对角线顺序预松减速器外侧 5 颗固定螺栓。

（6）使用 10 mm 套筒接杆、棘轮扳手组合工具，按同样顺序拆卸减速器外侧 5 颗固定螺栓，取下减速器外侧 5 颗固定螺栓，并妥善放置。

（7）使用头部包裹胶带的一字螺丝刀轻撬减速器壳体，如图 4-2-15 所示，将减速器前箱体与后箱体分离。

图 4-2-14　预松差速器 6 颗固定螺母

图 4-2-15　使用头部包裹胶带的一字螺丝刀轻撬壳体

注意事项

拆分箱体时，前箱体上的磁体会从磁铁槽中掉出，需及时收捡，以免丢失。

在拆分过程中，请保护好前箱体与后箱体接触面，防止接触面损伤。

3. 减速器齿轮传动机构拆卸

（1）取出磁铁并妥善放置，如图 4-2-16 所示。

（2）取下差速器齿轮轴垫圈，如图 4-2-17 所示。

图 4-2-16　取出磁铁

图 4-2-17　取下差速器齿轮轴垫圈

（3）轻轻晃动，取下差速器齿轮轴并妥善放置，如图4-2-18所示。

图4-2-18 取下差速器齿轮轴

图4-2-19 预松中间轴3颗固定螺栓

注意事项

需脱下手套进行操作，以免手套上的绒毛进入减速器造成故障。

（4）使用8 mm套筒接杆、指针式扭力扳手组合工具，预松中间轴3颗固定螺栓，如图4-2-19所示。

（5）使用8 mm套筒接杆、棘轮扳手组合工具，拆卸中间轴3颗固定螺栓。

（6）轻轻晃动取出中间轴并妥善放置。

（7）使用8 mm套筒接杆、指针式扭力扳手组合工具，预松输入轴6颗固定螺栓。

（8）使用8 mm套筒接杆、棘轮扳手组合工具，拆卸输入轴6颗固定螺栓。

（9）轻轻晃动取出输入轴并妥善放置。

二、驱动电机减速机构清洁与检查

1. 驱动电机减速机构的清洁

（1）取出油盆和清洁刷。

（2）使用清洁刷清洁输入轴，如图4-2-20所示。

（3）使用清洁刷清洁中间轴。

（4）使用清洁刷清洁差速器齿轮轴。

（5）回收油盆和清洁刷。

（6）使用铲刀铲除后箱体残余密封胶，如图4-2-21所示。

（7）使用抹布清洁后箱体密封面。

（8）使用铲刀铲除前箱体残余密封胶。

（9）使用抹布清洁前箱体密封面。

图4-2-20 清洁输入轴　　　　图4-2-21 铲除后箱体残余密封胶

2. 驱动电机减速机构检查

（1）检查输入轴齿轮和轴承是否有缺齿、锈蚀和异常磨损等情况，若有，应更换新的输入轴齿轮。

（2）检查中间轴齿轮和轴承是否有缺齿、锈蚀和异常磨损等情况，若有，应更换新的中间轴齿轮。

（3）检查差速器齿轮和轴承是否有缺齿、锈蚀和异常磨损等情况，若有，应更换新的差速器齿轮。

（4）检查前箱体外观和轴承外圈是否有损伤，若有，应更换新的前箱体。

（5）检查后箱体外观和轴承外圈是否有损伤，若有，应更换新的后箱体。

（6）检查减速器与驱动电机结合密封圈是否老化损坏，若有，应更换新的密封圈。

（7）检查左右两侧半轴密封圈和挡圈是否变形损坏，若有，应更换新的密封圈和挡圈。

（8）检查输入轴密封圈是否老化损坏，若有，应更换新的输入轴密封圈。

三、驱动电机减速机构安装

1. 减速器齿轮传动机构安装

（1）在输入轴轴承和后箱体上涂抹润滑油，如图4-2-22所示，将输入轴齿轮安装至后箱体内。

图4-2-22 输入轴轴承和后箱体上涂抹润滑油

(2) 在输入轴齿轮固定螺栓上涂抹螺纹胶,如图 4-2-23 所示。

图 4-2-23 涂抹螺纹胶

图 4-2-24 安装输入轴齿轮 6 颗固定螺栓

(3) 使用 8 mm 套筒接杆、棘轮扳手组合工具安装输入轴齿轮 6 颗固定螺栓,如图 4-2-24 所示。

(4) 使用 8 mm 套筒接杆、定扭式扭力扳手组合工具紧固输入轴齿轮 6 颗固定螺栓至规定力矩,规定力矩为 12 N·m。

(5) 在中间轴轴承和后箱体上涂抹润滑油,将输入轴齿轮安装至后箱体内。

(6) 在中间轴齿轮固定螺栓上涂抹螺纹胶,并用手旋入固定螺栓。

(7) 使用 8 mm 套筒接杆、棘轮扳手组合工具安装中间轴齿轮 3 颗固定螺栓。

(8) 使用 8 mm 套筒接杆、定扭式扭力扳手组合工具紧固中间轴齿轮 3 颗固定螺栓至规定力矩,规定力矩为 12 N·m。

(9) 在差速器齿轮轴轴承和后箱体上涂抹润滑油,将差速器齿轮轴安装至后箱体内,转动齿轮传动机构,检查各齿轮是否啮合到位。

2. 驱动电机减速机构的测量调整

(1) 将直尺放置于前箱体结合面上,将游标卡尺放置于直尺上,使用游标卡尺深度测量尺,测量前箱体结合面至差速器轴承座安装端面的深度,并记录测量数值,如图 4-2-25 所示。

(2) 调整直尺的位置,使用游标卡尺测量前箱体结合面至差速器轴承座安装端面的深度,测量 3 次,取平均值作为测量结果。

图 4-2-25 测量前箱体结合面至差速器轴承座安装端面深度

对于同一组的结果,偏差值要在规定值内,规定偏差值<0.05 mm,若偏差值大于规定值,则需更换轴承。

(3) 以同样的方法测量差速器齿轮轴至后箱体结合面的高度。

(4) 使用测量的深度减去测量的高度，所得数值即为差速器轴调整垫片的厚度，标准如下表所示。

序号	厚度/mm	标记	厚度/mm	标记	厚度/mm
1	0.60	7	0.90	13	1.20
2	0.65	8	0.95	14	1.25
3	0.70	9	1.00	15	1.30
4	0.75	10	1.05	16	1.35
5	0.80	11	1.10	17	1.40
6	0.85	12	1.15	18	1.45

3. 减速器前后箱体安装

(1) 在减速器箱体结合面均匀涂抹密封胶，如图 4-2-26 所示。

图 4-2-26 涂抹密封胶

图 4-2-27 安装磁铁

密封胶应呈线条状，无明显断开，螺纹孔处密封胶需沿螺纹孔内侧涂抹。

(2) 将磁铁安装至后箱体上，如图 4-2-27 所示。

(3) 安装合适厚度的差速器齿轮轴垫圈，如图 4-2-28 所示。

(4) 将减速器前后箱体合在一起，使用橡胶锤轻轻敲击使箱体结合紧密，如图 4-2-29 所示。

(5) 用手旋入减速器外侧 5 颗固定螺栓。

图 4-2-28 安装差速器齿轮轴垫圈

图 4-2-29 使用橡胶锤轻轻敲击箱体

(6) 使用 10 mm 套筒接杆、棘轮扳手组合工具按对角线顺序,拧紧减速器外侧 5 颗固定螺栓。

(7) 使用 10 mm 套筒接杆、定扭式扭力扳手组合工具,紧固减速器外侧 5 颗固定螺栓至规定力矩,规定力矩为 25 N·m。

(8) 用手旋入减速器内侧 13 颗固定螺栓。

(9) 使用 10 mm 套筒接杆、棘轮扳手组合工具,按对角线顺序拧紧减速器内侧 13 颗固定螺栓。

(10) 使用 10 mm 套筒接杆、定扭式扭力扳手组合工具,紧固减速器内侧 13 颗固定螺栓至规定力矩,规定力矩为 25 N·m。

(11) 用手旋入差速器齿轮轴 6 颗固定螺栓。

(12) 使用 10 mm 套筒接杆、棘轮扳手组合工具,拧紧差速器齿轮轴 6 颗固定螺栓。

(13) 使用 10 mm 套筒接杆、定扭式扭力扳手组合工具,紧固差速器齿轮轴 6 颗固定螺栓至规定力矩,规定力矩为 45 N·m。

4. 差速器半轴安装

(1) 将左侧差速器半轴安装至差速器上。

(2) 将差速器左侧半轴用抹布包裹后,再使用管钳进行固定。

用抹布包裹差速器半轴,以防损伤部件。

(3) 使用 6 mm 内六角套筒接杆、棘轮扳手组合工具,安装差速器半轴固定螺栓,如图 4-2-30 所示。

(4) 松开管钳并取下抹布,安装左侧半轴挡圈及密封圈。

(5) 安装减速器与驱动电机结合密封圈。

(6) 安装输入轴密封圈。

图 4-2-30　安装差速器半轴固定螺栓

◆ 整理清洁

按照 7S 管理标准，整理工具、场地和设备。

本任务介绍了减速器总成结构与工作特点、减速器总成检修两方面内容。

单挡二级减速器总成，依靠两级齿轮副来实现减速增矩。其结构按功用和位置分为五大组件：左箱体、输入轴组件、中间轴组件、差速器（输出轴）组件、右箱体。动力由电机输入，经过二级减速齿轮减速将动力传至差速器，再由差速器将动力分配至两侧车轮。比亚迪 E5 减速器总成采用的是一个具有固定传动比的二级减速装置，由两组齿轮副实现降速增矩，总传动比为 9.342。其采用浸油润滑方式，润滑油为齿轮油 SAE80W-90；环境温度低于 -15℃ 时换用 SAE75W-90。

比亚迪 E5 的减速器采用两组齿轮副实现降速增矩，其工作过程分为行驶状态、减速/制动（前进）、倒车三个方面。

根据减速器的结构和使用特点，减速器总成检修可以分为减速器总成维护和检测两部分。

一、判断题

1. 目前新能源汽车上应用较多的减速器总成是电驱三合一驱动桥和独立结构的有固定速比的减速器总成。　　　　　　　　　　　　　　　　　　　　　　　　（　　）
2. 独立结构的减速器总成位于汽车前机舱内电机控制器下方右侧位置。　（　　）
3. 减速器的输出轴，也称为副轴。　　　　　　　　　　　　　　　　　（　　）

4. 比亚迪 E5 减速器总成采用的是一个具有固定传动比的二级减速装置。（ ）

5. 差速器的功用是将二级减速从动齿轮的动力传递给左右两个半轴,并允许左、右半轴以不同的转速旋转,使左、右驱动轮相对地面滚动而不是滑动。（ ）

二、选择题

1. 比亚迪 E5 电驱三合一减速器总成位置在(　　)。【单选题】
   A. 前机舱内充配电总成左侧　　　　　B. 前机舱内充配电总成右侧
   C. 前机舱内充配电总成上部　　　　　D. 前机舱内充配电总成下部

2. (　　)一般还兼作润滑油的油箱,具有充分润滑和很好地密封箱体零件的作用。【单选题】
   A. 箱体　　　　　　　　　　　　　　B. 输入轴组件
   C. 中间轴组件　　　　　　　　　　　D. 差速器

3. 输入轴的一级减速主动齿轮与中间轴的一级减速从动齿轮啮合,构成(　　)。【单选题】
   A. 多级减速　　　　　　　　　　　　B. 一级减速
   C. 二级减速　　　　　　　　　　　　D. 三级减速

4. 减速器总成主要由(　　)组成。【多选题】
   A. 箱体　　　　　　　　　　　　　　B. 输入轴组件
   C. 中间轴组件　　　　　　　　　　　D. 差速器

5. 减速器总成检测可以分为(　　)。【多选题】
   A. 减速器基本检查　　　　　　　　　B. 减速器油更换
   C. 减速器总成不解体检查　　　　　　D. 减速器总成解体检测

三、简答题

1. 简述比亚迪 E5 减速器总成的工作过程。
2. 简述减速器总成的检修方法。

项目五　电驱冷却系统组成原理与检修

项目概述

在新能源汽车电机驱动系统工作过程中，驱动电机在驱动车辆时，电能、磁能和机械能之间在转换过程中都会产生损耗，这些损耗以热量的形式向外发散，同时电机控制器长时间工作也会生热。为了确保驱动电机和电机控制器的稳定性、可靠性和安全性，电驱系统同样需要冷却系统来维持其合适的工作温度。电驱冷却系统的好坏直接影响驱动电机的安全运行和使用寿命。

本项目主要从两个方面介绍电驱冷却系统的相关内容：电驱冷却系统的基本组成与工作原理，典型电驱冷却系统组成与检修。

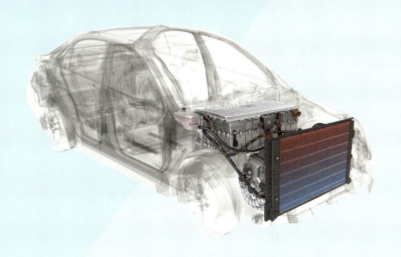

任务 1　电驱冷却系统基本组成与原理

1. 了解电驱冷却系统的作用。
2. 掌握电驱冷却系统的类型。
3. 掌握电驱冷却系统的组成。
4. 掌握电驱冷却系统的工作原理。

某职业院校新能源汽车技术专业的学生,通过前面的学习了解到电机驱动系统主要由驱动电机、电机控制器、减速器总成和电驱冷却系统组成。现班级要开始学习电驱冷却系统相关知识,老师提出两个问题:一是水冷式电驱冷却系统由哪些部件组成?二是水冷式电驱冷却系统是如何工作的?要求班级同学通过电驱冷却系统基本组成与原理的学习,整理出这两个问题的答案。

知识储备

认识电驱冷却系统

在纯电动汽车工作过程中,驱动电机、电机控制器的效率不能达到100%,会将部分能量转化成为热量。这样会使驱动电机、电机控制器等部件温度上升,影响驱动电机及电机控制器的正常工作和器件性能。电驱冷却系统可以在汽车工作过程中,根据需求控制相应部件工作,将驱动电机和电机控制器等部件的温度控制在正常温度范围以内。

一、电驱冷却系统的作用

电驱冷却系统主要用于保证驱动电机和电机控制器在规定的温度范围内工作,使其具有良好的工作性能。在纯电动汽车运行过程中,电机驱动系统中的驱动电机和电机控制器会产生热量而使其温度上升。当温度上升到一定程度时,驱动电机的绝缘材料会发生本质的变化,最终失去绝缘能力,同时也会使驱动电机相对运转的金属部件因温度升高而变形或膨胀,从而使其强度、硬度降低,甚至会影响部件的润滑,最终大大降低驱动电机相关部件的使用寿命;电机控制器温度过高还会导致电机控制器中的半导体结点烧坏、电路损坏,甚至烧坏元器件,从而引起电机控制器失效。

电驱冷却系统功用

二、电驱冷却系统的类型

电驱系统在工作过程中,可以通过驱动电机外壳和周围介质不断将热量散发出去。这个散发热量的过程,我们称之为冷却。电机驱动系统的主要冷却方式有:自然冷却、风冷却和液体冷却。

(一) 自然冷却

自然冷却是依靠驱动电机铁心自身的热传导散去驱动电机产生的热量的。热量通过封闭的机壳表面传递给周围介质,其散热面积为机壳的表面。为增加散热面积,机壳表面可加冷却筋。图 5-1-1 所示为自然冷却的驱动电机的机壳。

图 5-1-1 自然冷却的驱动电机机壳

自然冷却结构简单,不需要辅助设施就能实现,但其效率差,仅适用于转速低、负载转矩小、电机发热量较小的小型电机。

(二) 风冷却

风冷却也称为空气冷却,由这种方式冷却的驱动电机适用于低速车、A00 级车及混合动力(48V)车型。风冷可以分为自然风冷和强制风冷,自然风冷主要依靠壳体表面和端盖散热筋的散热;强制风冷是驱动电机自带同轴风扇来形成内风路循环或外风路循环,通过风扇产生足够的风量带走驱动电机所产生的热量,介质为电机周围的空气,空气直接送入电机内,吸收热量后向周围环境排出。

自然风冷具有结构简单、制造成本低的优点，但其散热效率低、冷却效果不佳。强制风冷的散热效果比自然风冷好，但由于风扇的增加使得电机体积增大，不利于整车布置。

（三）液体冷却

液体冷却是目前新能源汽车驱动电机应用最广泛的冷却散热方式。液体冷却根据冷却介质不同，可分为水冷和油冷两种方式。其中水冷是纯电动汽车电驱系统的常用形式，油冷在混合动力车型上较为常见。

水冷是指将冷却液通过管道和通路引入定子或壳体内部的冷却水道，通过冷却液不断流动带走电机转子和定子产生的热量，同时间接冷却电机轴承，确保电机在高效率区间稳定运行。图5-1-2所示为水冷电驱散热流程图。

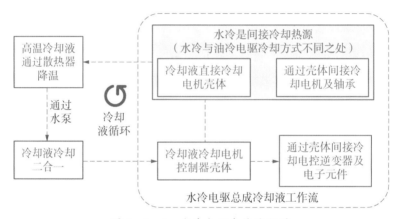

图5-1-2 水冷电驱散热流程图

油冷电驱的热传导率高，即冷却效率高，源于冷却油可直接与电机发热部件接触，将电机转子、定子进行浸入式冷却，直接冷却热源，进行更完全的热交换。图5-1-3所示为油冷电驱散热系统架构图。

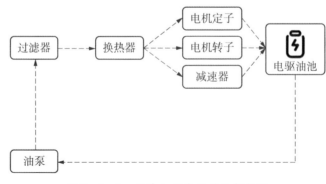

图5-1-3 油冷电驱散热系统架构图

液体冷却的冷却效果比风冷更显著。但是,液体冷却需要良好的机械密封装置,且液体循环系统结构复杂,存在渗漏隐患,如果发生液体渗漏,会造成电机绝缘破坏,可能烧毁电机。

三、电驱冷却系统的组成

纯电动汽车的电驱冷却系统通常采用水冷式冷却系统,这里介绍水冷式电驱冷却系统组成。

水冷式电驱冷却系统主要由电动水泵、散热器、电动风扇、储液罐和驱动电机内冷却管路等组成,如图 5-1-4 所示;还包括冷却循环管路,其中有些冷却循环管路要经过电机控制器底部和驱动电机壳体,以便于冷却电机控制器和驱动电机。

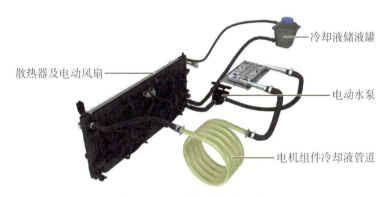

图 5-1-4 电机冷却系统组成

(一) 电动水泵

电动水泵如图 5-1-5 所示,它的功用是对冷却液加压,保证其在冷却系统中循环流动。水泵是整个冷却系统唯一的动力元件,负责为冷却液的循环提供机械能。根据控制方式的不同,电动水泵主要有电磁离合器式电动水泵和电子控制式电动水泵,纯电动汽车上使用的多是电子控制式电动水泵。

图 5-1-5 电动水泵

电子控制式电动水泵主要由过流单元、电机单元和电子控制单元三部分组成。因带有电子控制单元,所以可以随意调整水泵的工作状态。比如:水泵起动/停止控制、流量控制、压力控制、防干运转保护、自维护等功能,可以通过外部信号控制水泵的工作状态。电子水泵的功率都比较小,一般在1000 W以下,一般采用直流无刷电机。电子水泵有着结构紧凑、使用方便、功能强大、寿命长、性能稳定、噪声低、耗能低、效率高等诸多优点,因此深受业内人士的青睐。随着工业的飞速发展,电子水泵的应用领域越来越广泛,特别是在新能源汽车领域里应用极为广泛。

(二)散热器

散热器主要由左储水室、右储水室、散热器翼片、散热器芯、进水管接口、出水管接口、放水螺栓以及溢流管接口等部件组成,如图5-1-6所示。散热器的作用是将冷却液在水管中所吸收的热量散发至外界大气,使冷却液温度下降。

图5-1-6 散热器结构组成

按照散热器中冷却液流动的方向,可将散热器分为纵流式散热器和横流式散热器两种,如图5-1-7所示。

1. 纵流式散热器

纵流式散热器的散热芯子垂直布置,芯子上下分别布置了上储水室和下储水室,因而高度尺寸比较大,在前机舱罩盖较低的轿车上布置比较困难。所以有些轿车上采用横流式散热器。

2. 横流式散热器

横流式散热器的散热芯子水平布置,用左右两侧的储水室代替传统的上下储水室结构,冷却液左右流动。这种散热器宽度尺寸较大,芯子正面有效面积增加10%,从而加大风扇尺寸,得到更多迎风面积,使气流更为流畅。

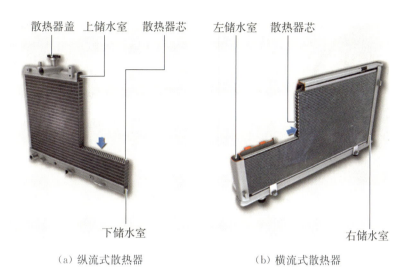

(a) 纵流式散热器　　　　(b) 横流式散热器

图 5-1-7　散热器类型

(三) 电动风扇

电动风扇组件位于散热器的内侧，主要由导热罩、电动机、冷却风扇等部件组成，如图 5-1-8 所示。电动风扇的功用是提高通过散热器芯的空气流速与流量，增强散热器的散热能力，加速冷却液的冷却。风扇按其结构原理和驱动方式分为：轴流式风扇、贯流式风扇和离心式风扇。目前，新能源汽车常用的电动风扇为轴流式电动风扇。

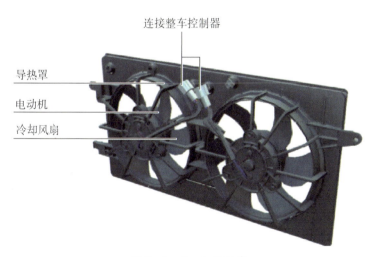

图 5-1-8　电动风扇

1. 轴流式风扇

轴流式风扇在工作时，叶片推动空气以与轴相同的方向流动。它的工作原理是利用风扇叶片的扬力使空气在轴向方向流动。风扇叶片多采用铝材压制或由 ABS 塑料注塑而成，

图 5-1-9 轴流式风扇的外形结构

扇叶的形状类似螺旋桨,多为 3 片扇叶、4 片扇叶或 5 片扇叶,一般与电动机直接相连,体积小、重量轻,是最常见的一种。图 5-1-9 所示为轴流式风扇的外形结构。轴流式风扇的特点是风量大、压头低、制造成本低。轴流式风扇电动机的主要作用是带动风扇将散热器散发的热量吹向室外,加速散热器的冷却。

2. 贯流式风扇

贯流式风扇是由细长的离心叶片组成的,其结构紧凑,叶轮直径小、长度大、风量大、风压低、转速低、噪声小。这种风扇的轴向可以很长,从而使风量大、送风均匀。图 5-1-10 所示为贯流式风扇的外形结构。由于体积较大且散热效果不及轴流式风扇,贯流式风扇在纯电动汽车电驱冷却系统中应用较少。

图 5-1-10 贯流式风扇的外形结构

3. 离心式风扇

离心式风扇利用离心力,使空气在叶片的半径方向流动,以此得到很高的风压。它的叶片形状和贯流式风扇叶片相似,但叶轮直径大、长度很短,而且叶轮四周都有蜗壳包围。空气从叶轮中心进入,沿叶轮的半径方向流过叶片,在叶片的出口处沿蜗壳的方向汇集到排气口排出。图 5-1-11 所示为离心式风扇的外形结构。这种风扇的特点是风量大、噪声小、压头低,其主要作用是在空调系统中将车内空气吸入蒸发器表面进行降温除湿。

图 5-1-11 离心式风扇的外形结构

(四)储液罐

储液罐的作用是便于观察冷却液是否缺少以及储存冷却液。汽车冷却系统中的冷却液不但可以防止水结冰,还可以减少水垢生成、水泵叶轮的磨损,提高散热能力。当冷却液温度升高而体积增大时,液体压力将推开散热器上活门,散热器中的冷却液或蒸汽会沿溢流管进入储液罐;当冷却液的温度降低时,散热器内压力下降,冷却液沿着连通管经散热器盖上的补偿管口流向散热器。储液罐上部盖口有一个溢流管,一旦蒸汽温度太高时,蒸汽可以通过溢流管口排出。

(五) 驱动电机内冷却管路

驱动电机内冷却管路作为新能源汽车上的重要零部件,需要满足耐水解、耐油、耐高温、轻量化等多种要求。目前应用于汽车的管道材料可以分为三大类,分别是金属、橡胶和尼龙塑料。

对新能源汽车来说,金属铝冷却管路的特点是散热效率高、重量较轻、成本高,发展方向在 PTC、水泵、chiller 集成式铝冷却管路上。橡胶软管因为环境适应性较差或者冷却效率低而应用较少,比如硅胶管冷却效率较低、重量偏重、易老化。尼龙管等由于重量轻、加工工艺简单,已逐渐成为冷却润滑管路的主要使用材料。

四、电驱冷却系统的工作原理

在电机驱动系统的冷却系统中,电机控制器的工作温度一般不超过 75℃,驱动电机的工作温度一般不超过 120℃。所有电驱冷却系统中的冷却液循环方式是先冷却电机控制器再冷却驱动电机。如果冷却水管装错,由驱动电机流出的冷却液再流入电机控制器,过高的冷却液温度会导致电机控制器中电器元件损坏,甚至无法工作。

电机驱动冷却系统通常采用的是强制循环式水冷却,其使用电动水泵提高冷却液的压力,强制冷却液在电动水泵、驱动电机、电机控制器、散热器之间循环流动,通过热交换来降低电机驱动系统的主要部件的温度,如图 5-1-12 所示。水冷式电驱冷却系统的工作原理

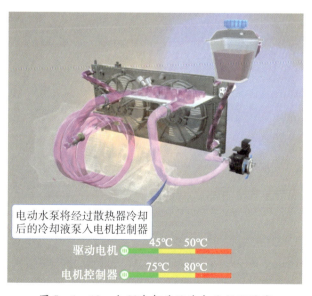

图 5-1-12 电驱冷却系统冷却液循环路线

如下:在纯电动汽车工作过程中,驱动电机的温度传感器和电机控制器内的温度传感器实时监测驱动电机和电机控制器的工作温度并将温度信号送给电机控制器,当电机控制器判定电驱系统的驱动电机和电机控制器温度较高需要散热时,相应控制器(如空调控制器、整车控制器)控制电动水泵和散热风扇工作,电驱冷却系统开始工作。

具体冷却过程为:电动水泵将储液罐中的冷却液泵入电机控制器,冷却液对电机控制器进行冷却后,从出水口流入驱动电机外壳水套,吸收驱动电机的热量后冷却液随之升温,随后冷却液从驱动电机的出水口流出经过冷却管路流入散热器,在散热器中冷却液通过流经散热器周围的空气散热而降温,最后冷却液经散热器出水软管返回电动水泵,如此往复循环,如图5-1-13所示。

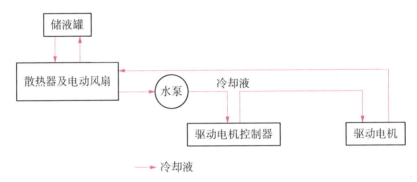

图5-1-13 电驱冷却系统冷却液循环示意图

本任务介绍了电驱冷却系统的作用、电驱冷却系统的类型、电驱冷却系统的组成及电驱冷却系统的工作原理。

电驱冷却系统主要用于保证驱动电机和电机控制器在规定的温度范围内工作,使其具有良好的工作性能。电驱系统在工作过程中,可以通过驱动电机外壳和周围介质不断将热量散发出去,这个散发热量的过程,我们称之为冷却。电机驱动系统主要冷却方式有:自然冷却、风冷却和液体冷却。

水冷式电驱冷却系统主要由电动水泵、散热器、电动风扇、储液罐和驱动电机内冷却管路等组成;还包括冷却循环管路,其中有些冷却循环管路要经过电机控制器底部和驱动电机壳体,以便于冷却电机控制器和驱动电机。

在纯电动汽车工作过程中,驱动电机的温度传感器和电机控制器内的温度传感器实时监测驱动电机和电机控制器的工作温度并将温度信号送给电机控制器。当电机控制器判定电驱系统的驱动电机和电机控制器温度较高需要散热时,相应控制器(如空调控制器、整车控制器)控制电动水泵和散热风扇工作,电驱冷却系统开始工作。

一、判断题

1. 电驱冷却系统主要用于保证驱动电机和电机控制器在规定的温度范围内工作,使其具有良好的工作性能。（　　）
2. 电驱系统在工作过程中,可以通过驱动电机外壳和周围介质不断将热量散发出去,这个散发热量的过程,我们称之为冷却。（　　）
3. 风冷效率差,仅适用于转速低、负载转矩小、电机发热量较小的小型电机。（　　）
4. 自然风冷是目前新能源汽车驱动电机应用最广泛的冷却散热方式。（　　）
5. 水泵是整个冷却系统唯一的动力元件,负责为冷却液的循环提供机械能。（　　）
6. 目前,新能源汽车常用的电动风扇为离心式风扇。（　　）

二、选择题

1. (　　)是纯电动汽车电驱系统的常用形式,(　　)在混合动力车型上较为常见。【单选题】
   A. 自然冷却　　　　B. 风冷　　　　C. 水冷　　　　D. 油冷
2. (　　)需要良好的机械密封装置,液体循环系统结构复杂,存在渗漏隐患,如果发生液体渗漏,会造成电机绝缘破坏,可能烧毁电机。【单选题】
   A. 自然冷却　　　　　　　　B. 风冷却
   C. 液体冷却　　　　　　　　D. 二氧化碳冷却
3. 电机驱动系统主要冷却方式有(　　)。【多选题】
   A. 自然冷却　　　　　　　　B. 风冷却
   C. 液体冷却　　　　　　　　D. 二氧化碳冷却
4. 水冷式电驱冷却系统主要由(　　)等组成。【多选题】
   A. 电动水泵　　B. 散热器　　C. 电动风扇　　D. 储液罐
5. 电动风扇按其结构原理和驱动方式分为(　　)。【多选题】
   A. 无扇叶风扇　B. 轴流式风扇　C. 贯流式风扇　D. 离心式风扇

三、简答题

1. 简述电驱冷却系统各部分组成的作用。
2. 简述电驱冷却系统的工作原理。

任务 2　典型电驱冷却系统组成与检修

任务目标

1. 了解比亚迪 E5 电驱冷却系统的特点。
2. 掌握比亚迪 E5 电驱冷却系统的组成和工作过程。
3. 了解特斯拉 Model3 电驱冷却系统的特点。
4. 掌握特斯拉 Model3 电驱冷却系统的组成和工作过程。
5. 掌握电驱冷却系统的检修方法。

任务导入

一辆比亚迪 E5 进入 4S 店进行维修,车主反映车辆行驶中行驶速度突然降低至十几公里每小时。维修接待人员试车发现车辆限功率运行,且仪表上电机冷却液温度过高且告警灯""点亮,但若熄火 20 分钟以上再次起动车辆,故障会自然消失。经过高级维修技师分析判定为电驱冷却系统故障,需要针对电驱冷却系统故障进行维修。请学习电驱冷却系统相关知识,安全规范地完成电驱冷却系统检修任务。

知识储备

电机驱动系统中的驱动电机和电机控制器在运行过程中会产生大量的热,这些热量会对电机驱动系统的正常工作和使用寿命造成不良影响。电机在运行过程中产生的热对电机的物理、电气和力学特征有着重要影响。当温度上升到一定程度时,电机的绝缘材料会发生本质的变化,最终使其失去绝缘能力;另一方面,随着电机温度的升高,电机中的金属构件强度和硬度也会逐渐下降。由电子元器件构成的电机控制器,同样会由于温度过高而导致电子器件的性能下降,出现不利影响,如温度过高会导致半导体结点、电路损害,电阻增大,甚至烧坏元器件。为保证电机驱动系统在运行过程中所产生的热能及时散发出去,需要对电机驱动系统的驱动电机和电机控制器进行冷却,以确保它们在适宜的温度范围内工作。新能源汽车电驱冷却系统的组成基本相同,但根据电机控制器是否为独立部件,以及是否与电池热管理系统在部件上以及循环回路上存在交集,电驱冷却系统的工作过程会有差异。这里主要介绍两款典型车型电驱冷却系统的组成、工作过程及电驱冷却系统的检修方法。

一、典型电驱冷却系统组成和工作过程

不同车型的电驱冷却系统不同,这里以比亚迪 E5 和特斯拉 Model3 为例介绍电驱冷却系统的组成及工作过程。

(一)比亚迪 E5 电驱冷却系统

比亚迪 E5 电驱冷却系统按照整车搭载平台不同可分为两种:一种是搭载了高压电控总成的四合一平台,电机控制器集成在高压电控总成中;另一种是搭载了充配电总成的三合一平台,电机控制器是独立的部件。两者之间因电机控制器是否独立,冷却循环过程稍有差异,下面分别介绍比亚迪 E5 整车四合一和三合一结构形式的电驱冷却系统组成和工作过程。

1. 比亚迪 E5 电驱冷却系统(四合一平台)

(1)组成。比亚迪 E5 电驱冷却系统(四合一平台)位于车辆前机舱内,如图 5-2-1 所示。主要由储液罐、散热器、电动水泵、电动风扇和冷却管路构成,如图 5-2-2 所示。

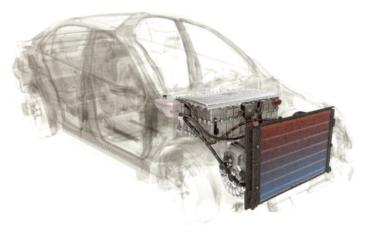

图 5-2-1 比亚迪 E5 电驱冷却系统(四合一平台)布置位置

其中储液罐、冷却管路各车型之间的区别不大,这里不再进行介绍,下面主要介绍比亚迪 E5 的电动水泵、电动风扇和散热器。

① 电动水泵。电动水泵的功用是对冷却液加压,保证其在冷却系统中循环流动。电动水泵是整个冷却系统唯一的动力元件,负责为冷却液的循环提供机械能。2018 款比亚迪 E5 搭载的是四合一平台,其电动水泵安装在驱动电机前部底端,从它的电路图上可以看出,电

电驱冷却系统组成
（比亚迪 E5）

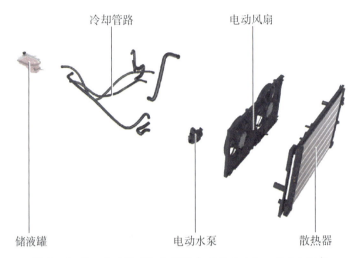

图 5-2-2　比亚迪 E5 电驱冷却系统（四合一平台）组成

动水泵通过 IG3 继电器获得电源，即只要车辆起动，电动水泵就会获得电能，从而运转起来，如图 5-2-3 所示。

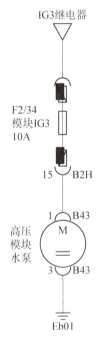

图 5-2-3　2018 款比亚迪 E5 电动水泵电路图

② 电动风扇。比亚迪 E5 采用的是吸风式高低速 2 挡双风扇，位于散热器的内侧，主要用来提高通过散热器芯的空气流速，增强散热器的散热能力，加速冷却液的冷却。图 5-2-4 为 2018 款比亚迪 E5 电驱冷却系统（四合一平台）中电动风扇的电路图，从电路图上可以看

出,通过主控制器控制风扇模式继电器、低速风扇继电器以及高速风扇继电器实现风扇的高低速 2 挡调速。

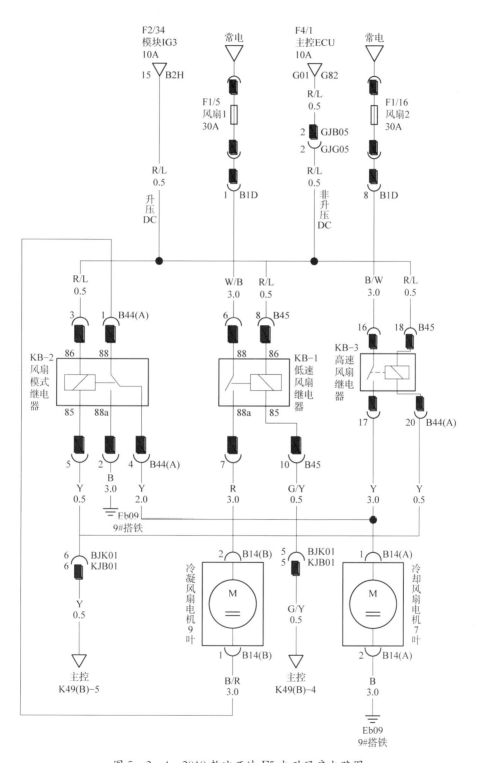

图 5-2-4 2018 款比亚迪 E5 电动风扇电路图

电动风扇的工作由主控器进行控制,通过冷却液温度传感器进行检测,因空调系统冷凝器的散热也是借助电动风扇,所以需参考空调请求状态共同决定电动风扇的控制,确保各系统在正常温度下工作。表5-2-1为电动风扇的工作条件。

表5-2-1 电动风扇工作条件

温度检测点	低速请求	高速请求	限制功率输出	报警
冷却液温度	40~50℃	>55℃	—	—
IPM温度	53~64℃	>64℃	—	>85℃
IGBT温度	55~75℃	>75℃	>90℃	>100℃
电机温度	90°~110℃	>110℃	—	—

③ 散热器。比亚迪E5采用的是横流式散热器,空气从散热器芯外面通过,冷却液在散热器芯内流动,冷空气将冷却液散在空气中的热量带走,散热器实质上是一个热交换器,如图5-2-5所示。

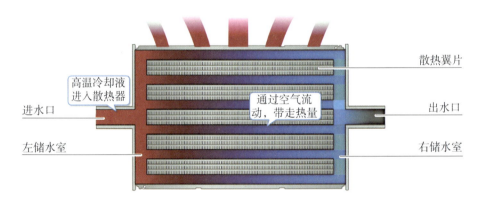

图5-2-5 横流式散热器工作原理示意图

电驱冷却系统工作过程(比亚迪E5)

(2) 工作过程。比亚迪E5的电驱冷却系统采用的是强制循环式冷却,具体工作过程为:电动水泵压缩冷却循环系统中的冷却液,先泵入高压电控总成(集成电机控制器)对其进行冷却,之后冷却液从高压电控总成的出水口流入驱动电机,吸收热量后的冷却液经冷却管路流入散热器,在散热器中冷却液通过流经散热器周围的空气散热而降温,之后返回电动水泵进行往复循环,如图5-2-6所示。

在比亚迪E5电动汽车工作过程中,主控器根据驱动电机和高压电控总成的温度信号,控制电动风扇进行低速或高速运转,以此来控制电驱冷却系统的冷却强度,最终将驱动电机和高压电控总成的温度控制在正常温度范围以内,以确保驱动电机和高压电控总成具

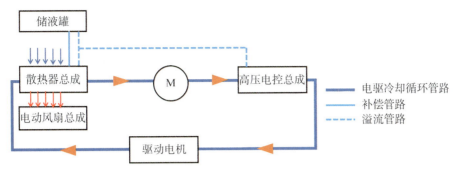

图 5-2-6 比亚迪 E5 电驱冷却系统（四合一平台）工作过程示意图

有良好的工作性能。

在电驱冷却系统工作过程中，当循环回路内蒸汽压力升高到某一值时，冷却液会通过溢流管进入储液罐；当循环回路中冷却液温度下降时，冷却液从储液罐经补偿管路流入散热器，补充冷却循环回路的冷却液。

2. 比亚迪 E5 电驱冷却系统（三合一平台）

（1）组成。比亚迪 E5 电驱冷却系统（三合一平台）同样位于车辆前机舱内，主要组成部件与四合一平台相同，同样由储液罐、散热器、电动水泵、电动风扇和冷却管路等组成。不同的是其电动风扇采用的不再是高低速 2 挡定速风扇，而采用无级调速风扇。2019 款比亚迪 E5 搭载的是三合一平台，图 5-2-7 为 2019 款比亚迪 E5 电动风扇的电路图，从电路图上可以看出，电动风扇不再是由主控制器和继电器控制，而是用无级风扇调速模块取代了继电器，通过整车控制器控制无级风扇调速模块，实现电动风扇的无级调速。

（2）工作过程。比亚迪 E5 电驱冷却系统（三合一平台）与四合一平台电驱冷却系统一致，同样采用的是强制循环式冷却，具体工作过程与四合一平台基本一致。不同的是，循环回路中原四合一平台中集成电机控制器的高压电控总成，转变为了 2 个部件：充配电总成和电机控制器。冷却液循环路线变为：电动水泵→充配电总成→电机控制器→驱动电机→散热器总成，之后返回电动水泵往复循环，如图 5-2-8 所示。

在比亚迪 E5 电动汽车工作过程中，整车控制器根据驱动电机、电机控制器和充配电总成的温度信号，给无级风扇的调速模块发出相应的控制信号，以此来控制无级风扇的转速，从而将充配电总成、电机控制器和驱动电机的温度控制在正常范围以内。

3. 比亚迪 E5 电驱冷却系统特点

比亚迪 E5 的电驱冷却系统，无论是三合一平台还是四合一平台，采用的均为水冷方式，且均为独立的冷却系统，部件均不与动力电池冷却系统混用。三合一平台和四合一平台的最大不同有两点：①电动风扇类型不一致。四合一平台采用的是吸风式高低速 2 挡双定速风扇，而三合一采用的是无级变速电动风扇。②循环工作流程因电机控制器是否独立稍有差别。

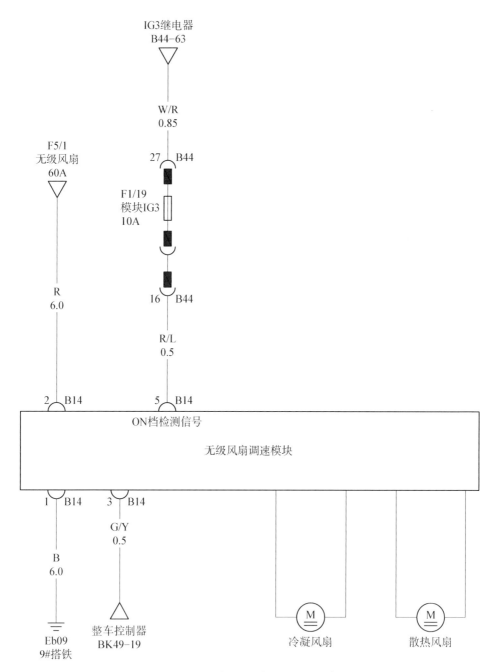

图 5-2-7 2019 款比亚迪 E5 电动风扇电路图

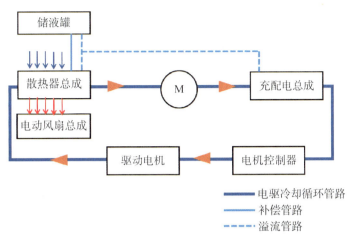

图 5-2-8 比亚迪 E5 电驱冷却系统（三合一平台）工作过程示意图

四合一平台冷却循环路线：电动水泵→高压电控总成→驱动电机→散热器总成；三合一平台冷却循环路线：电动水泵→充配电总成→电机控制器→驱动电机→散热器总成。

（二）特斯拉 Model3 电驱冷却系统

特斯拉 Model3 的热管理系统是一个综合性的系统，包括电池冷却系统、电池加热系统和电驱冷却系统。其中电驱冷却系统也称为功率电子冷却系统，包括 HV 电池包内变流系统的冷却，如图 5-2-9 所示。图中的 CR（Coolant Reservoir）是指冷却液储液罐，P1 和 P2 为冷却液泵，PDCV 为流向控制阀。Super Bottle 也称为"超级水壶"，它是一个集成装置，将 CR、P1、P2、PDCV 和深冷器集成一体，是特斯拉 Model3 热管理系统的核心组件，也是冷却/加热组件与散热器之间的"神经中枢"。这里我们主要介绍特斯拉 Model3 电驱冷却系统的组成、工作过程和特点。

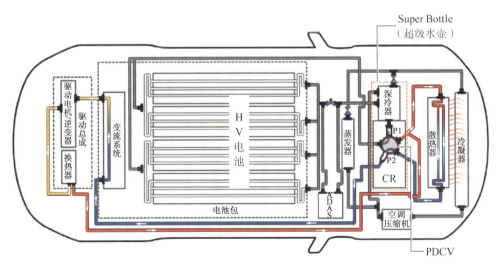

图 5-2-9 特斯拉 Model3 电驱冷却系统组成

1. 特斯拉 Model3 电驱冷却系统组成

特斯拉 Model3 电驱冷却系统主要由储液罐(CR)、散热器、流向控制阀(PDCV)、冷却液泵、冷却管路组成,参阅图 5-2-9。

(1) 储液罐。储液罐主要用于储存冷却液,特斯拉 Model3 的储液罐是塑料材质,与流向控制阀(PDCV)、冷却液泵集成一体,位于散热器总成的后端,如图 5-2-10 所示。

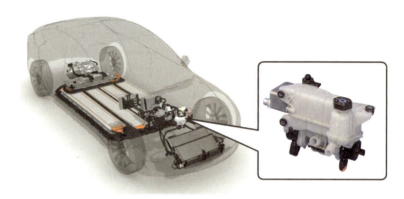

图 5-2-10 储液罐位置和结构

图 5-2-11 流向控制阀位置

(2) 流向控制阀。特斯拉 Model3 的流向控制阀位于储液罐底部 2 个冷却液泵中间位置,如图 5-2-11 所示。它可以通过阀门控制冷却液的流向及流量,使冷却液沿着指定的方向流向相关部件。

特斯拉 Model3 的流向控制阀为 5 通旋转阀,在储液罐上对应有 5 个进/出水口,通过控制阀门位置控制冷却液的流向,从而实现电池的冷却、电池的加热以及电驱的冷却,如图 5-2-12 所示。

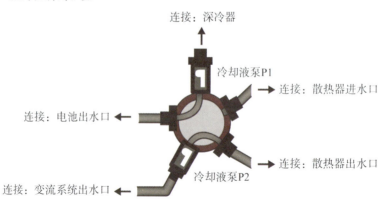

图 5-2-12 流向控制阀阀门连接关系

（3）冷却液泵。特斯拉 Model3 的冷却液泵采用的是电动水泵,安装于冷却液储液罐底部,主要用于抽取冷却液储液罐中的冷却液,如图 5-2-13 所示。特斯拉 Model3 上有 2 个冷却液泵：冷却液泵 P1 和冷却液泵 P2。其中冷却液泵 P2 为电驱冷却系统和电池热管理系统共用的冷却液泵,P1 为电池热管理系统的专用冷却液泵。

图 5-2-13　冷却液泵位置和外观结构

知识拓展

特斯拉 Model3 热管理系统中的超级水壶(Super Bottle)

典型的汽车冷却/加热回路会包括一个储液罐、水泵、冷却管路、热交换器以及一些阀门,通常情况下,这些组件是彼此独立的。而特斯拉 Model3 的热管理系统却不同,它是将冷却液泵 P1、冷却液泵 P2、流向控制阀、电子控制器、深冷器(热交换器)集成在储液罐上,形成了一个集成装置超级水壶,如图 5-2-14 所示。

图 5-2-14　超级水壶结构

超级水壶是传统式的冷却液储液罐向智能化热管理系统转变的里程碑式的革新技术,它是特斯拉 Model3 热管理系统的核心组件,通过电子控制器控制流向控制阀阀门的位置,实现电池的冷却或加热、驱动单元和变流系统的冷却工作等。

图 5-2-15 散热器位置

(4) 散热器。散热器是一种将热能从一种介质传递至另一种介质的换热器,冷却液在散热器芯内流动,空气从散热器芯外通过,冷空气将冷却器散在空气中的热量带走。特斯拉 Model3 与其他车型不一样,它的散热器不在前机舱的正前方,而是位于主动护栅活门片总成内。该主动护栅活门片总成被装在车辆前方底部,即特斯拉 Model3 的散热器位于前保险杠下方的通风口内部,如图 5-2-15 所示。

2. 特斯拉 Model3 电驱冷却系统工作过程

特斯拉 Model3 电驱冷却系统与比亚迪 E5 一样采用的都是强制循环式冷却,具体冷却循环回路为:电子控制器控制流向控制阀阀门位置,使散热器出水管与变流系统进水管(冷却液泵 P2 位置)导通,冷却液泵 P2 带动冷却液从变流系统(电池控制模块)、驱动总成(包含电机、电机控制器)中吸收热量后,流向散热器,之后流回流向控制阀。在这个过程中散热器对冷却液进行冷却,被冷却后的冷却液接着又在冷却液泵 P2 的作用下流向变流系统、驱动总成,以此对变流系统和驱动总成进行冷却,如此循环运行即可实现对变流系统和驱动总成的冷却,如图 5-2-16 所示。

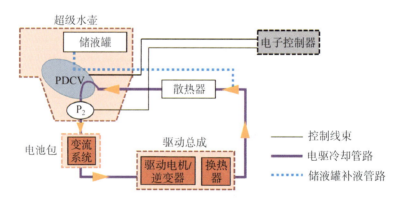

图 5-2-16 特斯拉 Model3 电驱冷却系统工作过程示意图

3. 特斯拉 Model3 电驱冷却系统特点

(1) 电驱冷却系统中包含电池包"变流系统"的冷却。电驱冷却系统虽然是相对独立的循环系统,但是与其他车型不同的是在冷却循环回路中含电池包"变流系统"的冷却,与电池热管理系统存在一定的交集。

(2) 高度集成部件超级水壶的应用。储液罐、冷却液泵 P1、冷却液泵 P2、流向控制阀、电子控制器、深冷器(热交换器)的集成式设计,节省了装配空间;由于没有独立的冷却液泵安装支架以及各组件独立的外壳,大大降低了组件重量;另外集成模块化以及各组件之间设计了组件之间的快速集成和断开,减少了装配时间与劳动力,从而节约了装配成本。

二、电驱冷却系统检修

电驱冷却系统的好坏,会直接影响车辆驱动系统的性能,因此通过检测判断电驱冷却系统的工作状况至关重要。电驱冷却系统检测要遵循由易到难、由外到内、由电气部件到机械部件的原则,并且一般以不解体优先。这里主要介绍电驱冷却系统的基本检查、就车检测、电路检测和解体检测。

(一)电驱冷却系统基本检查

(1)检查储液罐内冷却液位是否在最高液位(MAX)和最低液位(MIN)之间,若液位高于最高值,应排放出多余的冷却液;若液位低于最低值,需及时确认冷却系统是否存在泄漏,若无泄漏应及时添加冷却液。

> **注意事项**
>
> 添加冷却液时,应添加与储液罐内相同型号的冷却液,一般不允许将不同型号的冷却液混合使用,以免因加注冷却液化学成分不同引起不良化学反应,导致冷却液严重变质。

(2)检查电驱冷却系统主要部件:储液罐、水泵、冷却管路、散热器、散热风扇等器件是否有破损、裂纹等现象,若有需及时维修。

(3)检查电驱冷却系统相关电子元件的插接器连接是否可靠,线束是否有破损,若有需及时检修。

(4)检查电驱冷却系统相关冷却管路,查看是否存在裂纹、渗液和漏液等状况,若有请及时检修。

(二)电驱冷却系统就车检测

1. 冷却液检测

(1)品质检测。观察冷却液的外观,辨别其气味,冷却液应透明、无异味、无沉淀。如发现外观浑浊、气味异常、有悬浮物时,说明冷却液已经变质,应立即停止使用并更换新的冷却液。

(2)冰点检测。冰点检测是对冷却液能否在寒冷天气里使用的一种防冻性能测试,采用冰点检测仪,能快速检测出冷却液的结晶冰点。在测量冷却液时,注意不要洒在皮肤和眼睛上,以防造成皮肤和眼睛的损伤。测试后仔细擦净仪器,具体使用方法为:

① 冰点检测仪校准。将折光棱镜对准光亮方向,按照要求调整目棱镜视度环,直到标线清晰为止。校准的正确做法为:清洁棱镜表面,取 1～2 滴蒸馏水或纯净水滴在棱镜的表面,盖好盖板,调节校正旋钮,直到蓝、白色交界线与 0℃ 基准线重合后,校准完成,如图 5-2-17(a)所示。

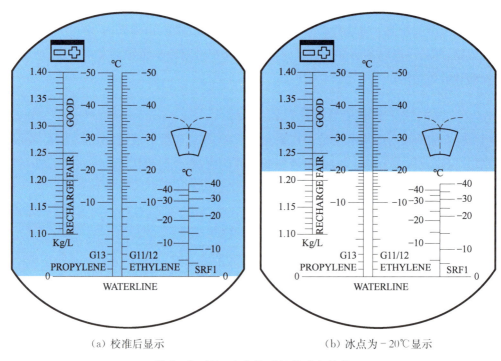

(a)校准后显示　　　　　　　(b)冰点为 -20℃ 显示

图 5-2-17　冰点检测仪校准与读数

② 测量冷却液冰点。掀开冰点检测仪盖板,用柔软的绒布将盖板及棱镜表面擦拭干净。将取样后的冷却液滴在棱镜表面,之后合上盖板,并轻微按压。最后将冰点检测仪对向光线明亮处,旋转目镜,使视场内刻度清晰。此时,会看到一条蓝白相间的观察线,上部为蓝色,下部为白色,如图 5-2-17(b)所示,例如分界线对应的刻度(-20℃)即为图 5-2-17(b)展示的测量结果。正常情况下,未使用的冷却液冰点可达到 -40℃ 以下,汽车行驶一定里程后,由于长时间使用,冷却液冰点会升高,但应低于当地最低气温 10℃ 以上才能起到防冻效果。测试完毕后,用柔软绒布将盖板和棱镜表面擦拭干净,之后使用纯净水清洗吸管。完成后,放置于包装盒内。

冰点检测仪不要在相对湿度大于 85% 的环境中长期放置,以免光学系统受到影响。

③ 清洁放置。测量完毕后,直接用潮湿绒布擦干净棱镜表面及盖板上的附着物,待干燥后,妥善保存起来。

2. 密封性检测

检查冷却系统循环回路是否有冷却液泄漏,除了通过用眼观察,还可以用压力检测方法进行更有效的检测。电驱冷却系统密封性检测一般采用冷却系统压力测试仪进行测试。具体检测方法如下:在确保车辆处于冷车状态后,拆卸储液罐盖,检查冷却液液位,不满时需将其加满;从测试套装中,选择与车型匹配的适配器,并安装到储液罐口上;连接打气泵至适配器上,并给冷却系统打压,观察压力表的指针,直到指针指到维修资料要求的规范值,并保持一定时间;观察指示表的压力显示,并根据压力变化判定冷却系统是否有泄漏,正常情况下压力应保持不变,若指示表上的压力值在规定时间内下降,则说明冷却系统存在泄漏情况,需及时检修。

另外,可以用同样方法检测储液罐盖是否正常,若储液罐盖异常,需要更换新的储液罐盖。

请勿在热机状态下拆卸储液罐盖,以免冷却液温度过高造成烫伤。

(三)电驱冷却系统电路检测

电驱冷却系统涉及电路的部件主要有电动水泵和电动风扇,下面主要介绍电动水泵和电动风扇的电路检测。

1. 电动水泵电路检测

电动水泵的电路检测主要包括电源电路和电动水泵电阻检测。

(1)电动水泵电源电路检测。电动水泵电源电路一般包括熔丝、继电器、电源线和搭铁线,下面具体介绍它们的检测方法。

① 熔丝检测。查阅维修手册和相关电路图,找到电动水泵电源电路的熔丝,打开车辆电源开关,使用万用表电压挡分别检测熔丝输入端和输出端与蓄电池负极之间的电压。标准值应在 11~14 V 之间,若检测值不在标准范围内,则需进一步检查熔丝本体,拆下熔丝,使用万用表电阻挡检测熔丝两端的电阻。标准值应<1 Ω,若检测值不符合标准,则说明熔丝本体故障,需要更换新的熔丝。

拆下和安装熔丝时,需关闭车辆电源开关,并断开蓄电池负极。

② 继电器检测。查找维修手册和相关电路图，找到电动水泵继电器，取下电动水泵继电器，通过继电器的静态检测和动态检测判断继电器的好坏。

不同型号的继电器，电磁线圈的电阻值不同，需参考被测车型继电器型号判断。

a. 继电器静态检测。使用万用表检测电动水泵继电器电磁线圈的电阻，若测量值与标准值不符，则说明继电器线圈损坏，需更换新的继电器。

使用万用表检测电动水泵继电器内部常开触点之间的电阻，标准值应为∞，若测量值与标准值不符，则说明继电器内部常开触点粘连，需更换新的继电器。

b. 继电器动态检测。继电器的动态检测需要借助12V低压电源和跨接线，通过跨接线将继电器电磁线圈两端子与12V蓄电池正、负极连接通电，判断继电器内部常开触点是否能正常闭合。

当继电器线圈通电时，继电器内部两个触点状态会改变，仔细倾听能听到因触点闭合而发出啪的声音，同时也能感受到继电器本身有轻微振动。

之后再使用万用表检测继电器常开触点之间的电阻。标准值应<1Ω，若测量值与标准值不符，则说明继电器常开触点不能闭合，需更换新的继电器。

③ 电源线检测。查阅维修手册和相关电路图，找到电动水泵线束插接器的供电端子位置，打开车辆电源开关，使用万用表电压挡检测供电端子与蓄电池负极之间的电压。标准值应在11~14 V之间，若检测值不在标准范围内，则说明电源线可能存在异常，需要对线束进行导通性测试。关闭车辆电源开关，断开低压蓄电池负极，使用万用表电阻挡检测电源熔丝至线束插接器供电端子线束之间的电阻。标准值应<1Ω，若检测值不符合标准，则说明电源线存在故障，需维修或更换相关线束。

④ 搭铁线检测。查阅维修手册和相关电路图，找到电动水泵线束插接器的搭铁端子位置，关闭车辆电源开关，断开蓄电池负极，使用万用表电阻挡检测线束插接器搭铁端子至车身搭铁点之间的电阻。标准值应<1Ω，若检测值不符合标准，则说明搭铁线存在故障，需维修或更换相关线束。

(2) 电动水泵电阻检测。找到电动水泵安装位置，拔下电动水泵线束插接器，使用万用表的红黑表笔分别连接电动水泵元件的电源和接地端子，检测电动水泵电动机线圈的电阻值。其标准值应该符合维修手册标准值，若检测值与标准值不符，需要进行检修。

2. 电动风扇电路检测

车辆上常用的电动风扇有两种：高低速档 2 级调速风扇和无级调速风扇。两者因电路不同，检测的内容也会有所不同，下面分别介绍 2 类电动风扇的检测方法。

（1）高低速挡 2 级调速风扇电路检测。高低速 2 级调速风扇的电路通常由低速风扇电源电路、高速风扇电源电路、低速风扇控制电路和高速风扇控制电路组成。

① 电源电路检测。无论是低速风扇电源电路还是高速风扇电源电路通常都是由熔丝、继电器、电源线和搭铁线组成，检测思路同"电动水泵电源电路检测"，这里不再赘述。需要注意的是一定要能分析和明确电路原理，在检测过程中不要找错器件和线束插接器。

② 控制电路检测。无论是低速风扇控制电路还是高速风扇控制电路，通常都是由相关控制器、控制线组成，控制线连接于控制器和继电器之间。

查阅维修手册和相关电路图，找到控制线与继电器连接的触点，使用万用表检测该触点与低压蓄电池/车身搭铁之间的控制电路电压。若测量值与标准值不符，则说明控制线或控制器存在异常，需进一步排查。

使用万用表检测控制线继电器端和控制器端之间的电阻。标准值应<1Ω，若测量值与标准值不符，则可能是控制线断路，需更换或者维修导线；若测量值在标准范围内，则可能是控制器存在故障，需更换新的控制器。

（2）无级调速风扇电路检测。在无级调速风扇电路中，通常用无级风扇调速模块取代继电器，通过整车控制器控制无级调速风扇模块，实现电动风扇的无级调速。无级调速风扇电路主要由调速模块电源电路、调速模块控制电路组成。

① 电源电路检测。调速模块电源电路通常由熔丝、电源线和搭铁线组成，检测思路同样可参考"电动水泵电源电路检测"，这里不再赘述。

② 控制电路检测。控制电路主要由控制线和整车控制器组成。

查阅维修手册和相关电路图，找到控制线与调速模块的端子，使用万用表检测该触点与低压蓄电池/车身搭铁之间的控制电路电压。若测量值与标准值不符，则说明控制线或控制器存在异常，需进一步排查。

使用万用表检测整车控制器与调速模块之间控制线的电阻。标准值应<1Ω，若测量值与标准值不符，则可能是控制线断路，需更换或者维修导线；若测量值在标准范围内，则可能是整车控制器存在故障，需更换新的整车控制器。

（四）电驱冷却系统主要部件的拆装与检测

电驱冷却系统主要部件有电动水泵和散热器，下面主要介绍电动水泵拆装与检测、散热器总成拆装与检测。在拆卸电驱冷却系统主要部件之前需排放冷却液，在安装好主要部件之后需加注冷却液。

1. 电动水泵拆装与检测

(1) 电动水泵拆卸。

① 拆卸电动水泵前,确认冷却液已排空。

② 找到电动水泵,按照维修手册规范拆下电动水泵。

(2) 电动水泵检测。

① 目视检查电动水泵外观有无变形、破损,若出现以上情况,需更换新的电动水泵。

② 使用万用表检测电动水泵插接器两端子的电阻,其标准值应该符合维修手册标准值。若检测值与标准值不符,需要更换新的电动水泵。

(3) 电动水泵安装。

① 按照与拆卸相反的方向安装电动水泵。

② 安装好电动水泵后,需按规范加注冷却液。

2. 散热器总成拆装与检测

(1) 散热器总成拆卸。

① 拆卸散热器总成前,确认冷却液已排空。

② 按照维修手册规范拆卸散热器附件。

③ 按照维修手册规范拆卸散热器总成。

(2) 散热器总成解体检测与组装。

① 冷却风扇拆卸与检查。

a. 按照维修手册规范拆下冷却风扇。

b. 旋转冷却风扇,检查其是否有卡滞,若有请更换冷却风扇。

c. 检查冷却风扇叶片是否有损坏,并确认冷却风扇上面的平衡块是否有缺失,若有请更换冷却风扇。

② 散热器检查。

a. 目视检查散热器表面是否有灰尘、杂物,如有则需要用吹风枪对其清洁。

b. 目视检查散热器表面是否有冷却液水渍,如有则可能是散热器有泄漏,需更换新的散热器。

c. 目视检查散热片是否有弯曲、变形,若有需更换新的散热器。

d. 检查散热器各管路接口是否有堵塞,若有需及时清理。

③ 冷却风扇安装。按照维修手册规范安装冷却风扇。

(3) 散热器总成安装。

① 按照与拆卸相反的方向安装散热器总成。

② 按照与拆卸相反的方向安装散热器附件。

③ 安装好散热器总成后,需按规范加注冷却液。

实训 1　电驱冷却系统检修（比亚迪 E5）

请扫描二维码，查看"电驱冷却系统检修（比亚迪 E5）"技能视频，结合视频内容及相关资料，规范地完成电驱冷却系统检修（比亚迪 E5）的实训。

电驱冷却系统检修
（比亚迪 E5）

◆ **实训准备**

（1）设备：2019 款比亚迪 E5、工作台、油液收集器。
（2）测量工具：冰点检测仪、电脑诊断仪、密封性测量工具套装。
（3）防护用品：棉布手套、绝缘鞋、车外三件套、车内三件套。
（4）耗材：冷却液、干净抹布。
（5）资料：维修手册、技能视频、学习工作页。

◆ **安全操作规范**

（1）电驱冷却系统检修前需佩戴防护装备。
（2）电驱冷却系统检修前需完成车内外防护三件套的铺设。
（3）电驱冷却系统检修前需检查确认车辆状态正常。

◆ **实训步骤**

一、前期准备

（1）在实训开始前请穿戴好个人防护用品。
（2）准备好实训所需设备及工具，铺设车内防护三件套。
（3）安装车外防护三件套（图 5-2-18）。

二、电驱冷却在线检测

（1）连接诊断仪至车辆诊断接口，并确保连接可靠。
（2）打开车辆电源开关。
（3）打开诊断仪，进入诊断界面。
（4）选择对应车型。
（5）选择正确版本，进行全车模块自动扫描，如图 5-2-19 所示。

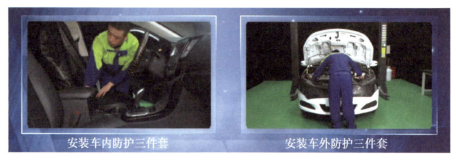

图 5-2-18 安装车外防护三件套

(6) 扫描完成后,选择"前驱动电机控制器"模块。

(7) 读取故障码,查看是否存在故障。若存在故障码,请判断是否是真实故障,若不是,请删除;若是,请根据故障码维修。

(8) 读取"前驱动电机控制器"相关数据流,查看数据是否正常,如图 5-2-20 所示。

图 5-2-19 全车模块自动扫描

图 5-2-20 查看数据

(9) 检查完毕,退出诊断界面。

(10) 关闭诊断仪电源开关及车辆电源开关,拔下诊断插头。

三、电驱冷却系统基本检查

1. 冷却液液位及相关部件检查

(1) 观察储液罐中冷却液的液位。确认液位处于 MAX(最高)标记和 MIN(最低)标记之间。若低于最低值,请添加至标准位置。

(2) 检查冷却系统相关管路是否有破损。

(3) 检查冷却水泵及连接管路是否有泄漏及外观损伤。

(4) 转动散热风扇,检查散热风扇是否有卡滞及损伤。

2. 冷却液冰点检测

(1) 冰点检测仪校准。

① 取出冰点检测仪,并检查调整,如图 5-2-21 所示。

② 目视检查冰点检测仪外观是否良好。

③ 使用棉布清洁冰点检测仪折光棱镜。

④ 选用吸管吸取少量纯净水,滴于折光棱镜上,盖上盖板并轻轻按压平,并确保没有气泡,如图 5-2-22 所示。

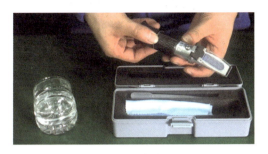

图 5-2-21　取出冰点检测仪

图 5-2-22　滴取纯净水

⑤ 通过目镜读取蓝白分界线相对刻度,即为纯净水冰点值,冰点一般为 0℃。

(2) 冷却液冰点检测。

① 拆卸储液罐盖。

② 取出冰点检测仪,并清洁调整。

③ 选用吸管吸取少量冷却液,滴于折光棱镜上,盖上盖板并轻轻按压平,并确保没有气泡。

④ 通过目镜读取蓝白分界线相对刻度,即为冷却液冰点值,冰点一般为小于 -25℃。

⑤ 选用棉布清洁冰点检测仪,并将其妥善放置。

⑥ 将吸管中多余的冷却液滴入储液罐中。

⑦ 安装储液罐盖。

四、电驱冷却系统密封性检测

(1) 拆卸储液罐盖,安装压力测试仪快速接头。

(2) 连接压力测试仪软管至快速接头上。

(3) 使用压力测试仪打压至压力达到 15～45 kPa 之间,如图 5-2-23 所示。

不同车型电驱冷却系统进行压力测试时,需要达到的压力值不同,需要查阅维修资料确认。

(4) 检查冷却液是否泄漏及压力是否下降。

(5) 按压压力测试仪放气阀。

(6) 待压力测试仪指针归零后,取下压力测试仪软管,如图 5-2-24 所示。

(7) 拆卸压力测试仪快速接头。

图 5-2-23 使用压力测试仪

图 5-2-24 取下压力测试仪软管

(8) 安装储液罐盖。

五、冷却液更换

1. 冷却液排放

(1) 取下储液罐盖。

(2) 举升车辆至合适位置。

(3) 使用 10 mm 套筒接杆棘轮扳手组合工具拆卸机舱底部护板 4 颗固定螺栓。

(4) 用手旋出 4 颗固定螺栓。

(5) 使用卡扣起子拆卸机舱底部护板固定卡扣,取下机舱底部护板。

(6) 将油液收集器放置在机舱底部合适位置。

(7) 使用尖嘴钳拧松放水阀,排尽冷却液。

(8) 待冷却液排净后,旋紧散热器放水阀并使用尖嘴钳拧紧。

(9) 推走油液收集器,降下车辆。

2. 冷却液加注

(1) 降下车辆。

(2) 将指定的冷却液倒入储液罐,冷却液系统的容量约为 6.1 L,如图 5-2-25 所示。

图 5-2-25 倒入冷却液

(3) 安装储液罐盖,查看此时冷却液液位。

(4) 安装低压蓄电池负极。

(5) 上电让水泵运转约 5 min,然后将其断电。

(6) 待电动机和储液罐等已冷却,再次查看冷却液液位。

(7) 拆卸储液罐盖,再次添加冷却液。

(8) 安装储液罐盖,再次查看此时冷却液液位。

(9) 直至储液罐液位到达 MAX(最高)标记处。

(10) 多次重复起动车辆 5 min 后,检查液位并添加冷却液,直至不需要添加冷却液为止。

冷却系统中冷却液的容量约为 6.1L。

◆ 整理清洁

按照 7S 管理标准，整理工具，清洁场地，复位设备。

实训 2　电驱冷却系统主要部件拆装（比亚迪 E5）

请扫描二维码，查看"电驱冷却系统主要部件拆装（比亚迪 E5）"技能视频，结合视频内容及相关资料，规范地完成电驱冷却系统主要部件拆装（比亚迪 E5）的实训。

◆ 实训准备

（1）设备：比亚迪 E5 汽车、工作台、油液收集器。

（2）工具：①常用工具：世达 150 件工具套装；②测量工具：万用表；③专用工具：208 接线盒。

电驱冷却系统
主要部件拆装
（比亚迪 E5）

（3）防护用品：棉布手套、绝缘鞋、车外三件套、车内三件套。

（4）耗材：冷却液、干净抹布。

（5）资料：维修手册、技能视频、学习工作页。

◆ 安全操作规范

（1）电驱冷却系统主要部件拆装前需佩戴防护装备。

（2）电驱冷却系统主要部件拆装前需完成车内外防护三件套的铺设。

（3）电驱冷却系统主要部件拆装前需检查确认车辆状态正常。

◆ 实训步骤

一、前期准备

（1）在实训开始前请穿戴好个人防护用品。

（2）准备好实训所需设备及工具，铺设车内防护三件套。

（3）安装车外防护三件套（图 5-2-26）。

图 5-2-26　安装车外防护三件套

二、冷却液排放

（1）打开储液罐盖，如图 5-2-27 所示。

（2）举升车辆至合适位置。

（3）使用 10 mm 套筒接杆棘轮扳手组合工具，拆卸机舱底部护板 4 颗固定螺栓。

（4）用手旋出 4 颗固定螺栓。

（5）使用卡扣起子拆卸机舱底部护板固定卡扣，取下机舱底部护板。

（6）将油液收集器放置在机舱底部合适位置。

（7）使用尖嘴钳，拧松放水阀，排尽冷却液。

（8）待冷却液排净后，旋紧散热器放水阀，并使用尖嘴钳拧紧，如图 5-2-28 所示。

 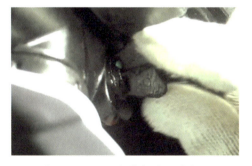

图 5-2-27　打开储液罐盖　　　图 5-2-28　旋紧散热器放水阀

（9）推走油液收集器，降下车辆。

三、电动水泵拆装与检测

1. 电动水泵拆卸

（1）使用水管钳，松开电动水泵出水管紧固卡箍。

（2）断开电动水泵出水管。

（3）举升车辆至合适位置。

（4）使用水管钳，松开电动水泵进水管紧固卡箍。

（5）断开电动水泵进水管。

（6）从支架胶套中拆下电动水泵，如图 5-2-29 所示。

2. 电动水泵检测

(1) 目视检查电动水泵外观有无变形、破损。

(2) 将数字万用表旋转至电阻挡,并校表,如图 5-2-30 所示。

图 5-2-29 拆下电动水泵

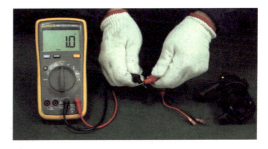

图 5-2-30 万用表校表

(3) 选用合适跨接线连接至电动水泵插接器的两端子。

(4) 将万用表红黑表笔分别连接至跨接线的另一端,测量水泵电阻,等数值稳定后,读取万用表数值。标准值为 10 kΩ 左右,若测量值与标准值不符,需要更换电动水泵。

3. 电动水泵安装

(1) 将电动水泵安装至支架胶套中。

(2) 安装电动水泵进水管。

(3) 使用水管钳,安装进水管固定卡箍。

(4) 安装电动水泵出水管。

(5) 使用水管钳,安装进出水管固定卡箍。

(6) 安装电动水泵线束插接器。

四、散热器总成拆装与检测

(一) 散热器附件拆卸

1. 护板和保险杠拆卸

(1) 使用 10 mm 套筒接杆棘轮扳手组合工具,拆卸机舱底部前护板与保险杠总成连接 6 颗固定螺栓。

(2) 用手旋出 6 颗固定螺栓。

(3) 使用 10 mm 套筒接杆棘轮扳手组合工具,拆卸机舱底部前护板与车架连接 2 颗固定螺栓。

(4) 用手旋出 2 颗固定螺栓,取下机舱底部前护板。

(5) 降下车辆至车轮着地。

(6) 取下车外防护三件套。

(7) 两人配合操作拆卸前保险杠总成,并妥善放置。

2. 散热器上横梁拆卸

(1) 抽出充电口罩盖拉线，放置在合适位置。

(2) 断开前机舱盖锁总成线束插接器。

(3) 取下前机舱盖开启拉索，如图 5-2-31 所示。

(4) 使用卡扣起子拆卸前照灯总成相关线束的 5 个固定卡扣，如图 5-2-32 所示。

图 5-2-31　取下前机舱盖开启拉索

图 5-2-32　拆卸固定卡扣

(5) 拆下充电口总成，将其放置在合适位置。

(6) 使用卡扣起子拆卸散热器上护板的 3 个固定卡扣。

(7) 调整护板至合适位置。

(8) 使用 10mm 套筒接杆棘轮扳手组合工具，拆卸散热器上横梁的 4 颗固定螺栓。

(9) 用手旋出散热器上横梁的 4 颗固定螺栓。

(10) 取下散热器上横梁。

(11) 取下散热器上护板。

（二）散热器总成拆卸

(1) 使用水管钳，拆卸与散热器总成连接的上水管固定卡箍。

(2) 拆卸散热器总成上水管，如图 5-2-33 所示。

(3) 以同样方法拆卸散热器总成剩余 3 根水管。

(4) 断开散热器总成冷却风扇线束插接器，如图 5-2-34 所示。

图 5-2-33　拆卸散热器总成上水管

图 5-2-34　断开线束插接器

(5) 用手旋出冷凝器左侧护板的 2 个固定螺帽。

(6) 取出冷凝器左侧护板。

(7) 将散热器总成向上提起,露出底部 2 颗固定螺栓。

(8) 使用 10 mm 套筒接杆棘轮扳手组合工具拆卸散热器与空调冷凝器连接的 4 颗固定螺栓。

(9) 用手旋出 4 颗固定螺栓。

(10) 垂直取出散热器总成。

(三) 散热器总成解体检测与组装

1. 冷却风扇拆卸

(1) 使用 10 mm 套筒接杆棘轮扳手组合工具,拆卸冷却风扇与散热器支架连接的 3 颗固定螺栓。

(2) 用手旋出 3 颗固定螺栓。

(3) 将冷却风扇从散热器总成上取下。

2. 散热器检查

(1) 目视检查散热器表面有无灰尘、杂物。

(2) 散热片是否有弯曲、变形,若有需及时更换。

(3) 管路接口是否有堵塞,若有需及时清理。

3. 冷却风扇检查

(1) 手动旋转冷却风扇,检查其是否有卡滞,若有请更换冷却风扇。

(2) 检查冷却风扇叶片是否有损坏,并确认冷却风扇上面的平衡块是否有缺失,若有请更换冷却风扇。

(3) 取出万用表并校表。

(4) 将万用表的红黑表笔分别连接冷却风扇两端了。

(5) 等数值稳定后,读取万用表数值。

4. 冷却风扇安装

(1) 将冷却风扇定位卡扣与散热器定位孔对齐装入散热器上,确保冷却风扇与散热器安装到位。

(2) 用手旋入冷却风扇与散热器支架连接的 3 颗固定螺栓。

(3) 使用 10 mm 套筒接杆棘轮扳手组合工具,拧紧 3 颗固定螺栓。

(四) 散热器总成安装

(1) 将散热器总成安装至合适位置。

(2) 将空调冷凝器与散热器总成螺栓孔对齐。

(3) 用手旋入冷凝器与散热器总成连接的 4 颗固定螺栓。

(4) 使用 10 mm 套筒接杆棘轮扳手组合工具，拧紧散热器与空调冷凝器连接的 4 颗固定螺栓。

(5) 将散热器总成安装至规定位置。

(6) 安装冷凝器左侧护板至规定位置。

(7) 用手旋入冷凝器左侧护板 2 个固定螺帽。

(8) 安装散热器总成下水管。

(9) 使用水管钳安装散热器总成下水管固定卡箍。

(10) 以同样方法安装散热器剩余 3 根水管。

(11) 安装散热器总成冷却风扇线束插接器。

（五）散热器附件安装

1. 散热器上横梁安装

(1) 安装散热器上护板。

(2) 安装散热器上横梁，确认其安装到位。

(3) 用手旋入散热器上横梁的 4 颗固定螺栓。

(4) 使用 10 mm 套筒接杆棘轮扳手组合工具，拧紧散热器上横梁的 4 颗固定螺栓。

(5) 安装散热器上护板的 3 个固定卡扣。

(6) 安装充电口总成及相关线束。

(7) 安装前照灯总成相关线束的 5 个固定卡扣。

(8) 安装前机舱盖开启拉索。

(9) 安装前机舱盖锁总成线束插接器。

(10) 安装充电口罩盖拉线至原来位置。

2. 保险杠与底板安装

(1) 两人配合操作，安装前保险杠总成。

(2) 安装车外防护三件套。

(3) 举升车辆至合适位置，并锁紧举升机保险。

(4) 安装机舱底部前护板，用手旋入 2 颗固定螺栓。

(5) 使用 10 mm 套筒接杆棘轮扳手组合工具，拧紧 2 颗固定螺栓。

(6) 用手旋入机舱底部前护板与保险杠总成连接的 6 颗固定螺栓。

(7) 使用 10 mm 套筒接杆棘轮扳手组合工具，拧紧机舱底部前护板与保险杠总成连接的 6 颗固定螺栓。

(8) 安装机舱底部护板至合适位置。

(9) 安装机舱底部护板固定卡扣。

(10) 用手旋入机舱底部护板的 4 颗固定螺栓。

(11) 使用 10 mm 套筒接杆棘轮扳手组合工具，拧紧 4 颗固定螺栓。

五、冷却液加注

(1) 降下车辆至车轮着地。

(2) 将指定的冷却液倒入储液罐，如图 5-2-35 所示。

图 5-2-35　加注冷却液

图 5-2-36　查看冷却液液位

(3) 安装储液罐盖并拧紧。

(4) 查看加注后的冷却液液位是否正常，如图 5-2-36 所示。

(5) 安装低压蓄电池负极。

(6) 打开车辆电源开关，如图 5-2-37 所示，让水泵运转约 5 min 后关闭。

图 5-2-37　打开车辆电源开关

图 5-2-38　打开储液罐盖

(7) 待电动机和储液罐等冷却后，检查冷却液液位。

(8) 打开储液罐盖，如图 5-2-38 所示，再次添加冷却液至储液罐 MAX。

(9) 安装储液罐盖，并拧紧。

(10) 多次重复起动车辆 5 min 后，检查液位并添加冷却液，直至不需要添加冷却液为止。

冷却系统中冷却液的容量约为 6.1L。

◆ 整理清洁

按照 7S 管理标准，整理工具，清洁场地，复位设备。

实训 3　电驱冷却系统部件电路检测（比亚迪 E5）

请扫描二维码，查看"电驱冷却系统部件电路检测（比亚迪 E5）"技能视频，结合视频内容及相关资料，规范地完成电驱冷却系统部件电路检测（比亚迪 E5）的实训。

电驱冷却系统部件电路检测（比亚迪 E5）

◆ 实训准备

（1）设备：2019 款比亚迪 E5、工作台。

（2）工具：①常用工具：世达 150 件工具套装；②测量工具：万用表；③专用工具：208 接线盒。

（3）防护用品：棉布手套、绝缘鞋、车外三件套、车内三件套。

（4）耗材：干净抹布。

（5）资料：维修手册、技能视频、学习工作页。

◆ 安全操作规范

（1）电驱冷却系统部件电路检测前需佩戴防护装备。

（2）电驱冷却系统部件电路检测前需完成车内外防护三件套的铺设。

（3）电驱冷却系统部件电路检测前需检查确认车辆状态正常。

◆ 实训步骤

一、前期准备

（1）在实训开始前请穿戴好个人防护用品。

（2）准备好实训所需设备及工具，铺设车内防护三件套。

（3）安装车外防护三件套（图 5-2-39）。

二、电动水泵电路检测

1. 电路图分析

由驱动电机水泵电路图（图 5-2-40 和图 5-2-41）可知，F1 的 19 号熔丝为电动水泵供电；电动水泵线束插接器 B43 有三个针脚，其中 B43 的 1 号针脚为供电端，3 号针脚为搭铁端，2 号针脚为空脚。

铺设车内三件套　　检查确认车辆正常　　铺设车外三件套

图 5-2-39　安装车外防护三件套

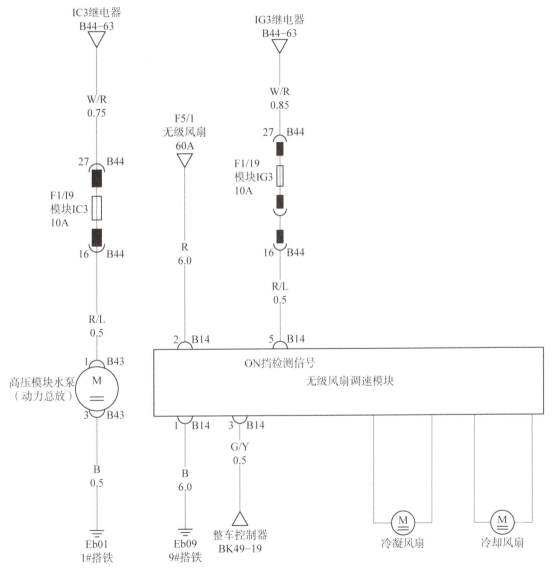

图 5-2-40　驱动电机水泵电路图　　　　图 5-2-41　冷却风扇调速模块电路图

2. 电动水泵熔丝检测

（1）打开熔丝盒盖。

（2）打开车辆电源开关。

（3）取出数字万用表并校准，确保万用表正常可用。

（4）将数字万用表调至电压测试挡。

（5）将红表笔接F1的19号熔丝的进端，如图5-2-42所示；黑表笔接蓄电池负极，如图5-2-43所示。测量供电电压，待万用表数值稳定后，读取并记录万用表数值。标准值为11~14 V，若检测值与标准值不符，则需要进一步检修熔丝到蓄电池之间的电路。

图5-2-42　红表笔连接　　　　　图5-2-43　黑表笔连接

（6）以同样方法检测F1的19号熔丝出端电压，若检测的进端和出端电压不一致，说明熔丝损坏，需及时更换新的熔丝。

（7）安装熔丝盒盖。

（8）关闭车辆电源开关。

3. 电动水泵搭铁线路检测

（1）断开低压蓄电池负极。

（2）断开电动水泵线束插接器。

（3）取出万用表，将数字万用表旋转至电阻挡。

（4）选用合适跨接线连接至电动水泵线束插接器B43的3号针脚，如图5-2-44所示。

图5-2-44　连接线束插接器B43的3号针脚

(5) 红表笔跨接线另一端的鳄鱼夹,黑表笔接车身搭铁,测量搭铁电路电阻,等数值稳定后,读取万用表值。标准值<1 Ω,若检测值与标准值不符,需检修电动水泵搭铁电路。

4. 电动水泵供电线路检测

(1) 安装低压蓄电池负极。

(2) 将数字万用表旋转至直流电压挡。

(3) 用合适跨接线连接至电动水泵线束插接器 B43 的 1 号针脚。

(4) 红表笔跨接线另一端的鳄鱼夹,黑表笔接车身搭铁,测量供电电路电压,等数值稳定后,读取万用表数值。标准值为 11~14 V,若检测值不在标准值范围内,则需检修电动水泵供电电路。

电动水泵供电电路检测时,需打开车辆电源开关。

三、冷却风扇调速模块电路检测

1. 电路图分析

由电路图可知,冷却风扇调速控制模块接插器 B14 的 1 号针脚为接地端,2 号针脚为风扇供电端,3 号针脚为与整车控制器相连的控制信号端,5 号针脚为检测信号端。

2. 冷却风扇调速模块供电电路检测

(1) 断开冷却风扇调速模块线束插接器。

断开冷却风扇调速模块线束插接器时,需断开低压蓄电池负极。

(2) 打开车辆电源开关。

(3) 取出数字万用表并校准,确保万用表正常可用。

(4) 将数字万用表旋转至直流电压挡。

(5) 选用合适跨接线连接至冷却风扇调速模块线束插接器 B14 的 2 号针脚,如图 5-2-45 所示。

(6) 将万用表的红表笔接跨接线另一端的鳄鱼夹,黑表笔接低压蓄电池负极,测量供电电压,等数值稳定后,读取万用表数值。标准值为 11~14 V,若检测值与标准值不符,需检修风扇调速模块的供电电路,如图 5-2-46 所示。

3. 冷却风扇调速模块信号电路检测

(1) 将合适跨接线连接至冷却风扇调速模块线束插接器 B14 的 5 号针脚。

图 5-2-45　连接线束插接器 B14 的 2 号针脚

图 5-2-46　电压检测

（2）将万用表的红表笔接跨接线另一端的鳄鱼夹，黑表笔接低压蓄电池负极，测量信号电压，等数值稳定后，读取万用表数值。标准值为 11～14 V，若检测值与标准值不符，需检修风扇调速模块的检测信号电路。

4. 冷却风扇调速模块搭铁电路检测

（1）关闭车辆电源开关。

（2）断开低压蓄电池负极。

（3）将合适跨接线连接至冷却风扇调速模块线束插接器 B14 的 1 号针脚。

（4）将万用表的红表笔接跨接线另一端的鳄鱼夹，黑表笔接车身搭铁，测量电阻，等数值稳定后，读取万用表数值。标准值＜1 Ω，若检测值与标准值不符，需检修风扇调速模块的搭铁电路。

（5）安装冷却风扇线束插接器。

◆ 整理清洁

按照 7S 管理标准，整理工具，清洁场地，复位设备。

本任务介绍了典型车辆电驱冷却系统组成、工作过程及电驱冷却系统检修。

典型车辆电驱冷却系统组成和工作过程主要介绍了比亚迪 E5 和特斯拉 Model3 电驱冷却系统的组成和工作过程。

比亚迪 E5 的电驱冷却系统，无论是三合一平台还是四合一平台，采用的均为水冷方式，且均为独立的冷却系统，部件均不与动力电池冷却系统混用。三合一平台和四合一平台的最大不同有两点：电动风扇类型不一致，四合一平台采用的是吸风式高低速 2 挡双定速风扇，而三合一采用的是无级变速电动风扇；循环工作流程因电机控制器是否独立稍有差别。

特斯拉 Model3 电驱冷却系统也称为功率电子冷却系统，它的冷却循环与 HV 电池包内变流系统的冷却循环共用。特斯拉 Model3 有个高度集成部件"超级水壶",它将储液罐、冷却液泵 P1、冷却液泵 P2、流向控制阀、电子控制器、深冷器(热交换器)集成一体,构成特斯拉 Model3 热管理系统的核心组件,可以说是冷却/加热组件与散热器之间的"神经中枢"。

电驱冷却系统的好坏,直接影响车辆驱动系统的性能,因此通过检测判断电驱冷却系统的工作状况至关重要。电驱冷却系统检测要遵循由易到难、由外到内、由电气部件到机械部件的原则,并且一般以不解体优先。本任务介绍了电驱冷却系统的基本检查、就车检测、电路检测和解体检测。

一、判断题

1. 比亚迪 E5 电驱冷却系统(四合一平台)位于车辆前机舱内。   （   ）
2. 2018 款比亚迪 E5 电驱冷却系统(四合一平台)的电动水泵由主控制器控制它的工作。   （   ）
3. 2018 款比亚迪 E5 电动风扇的工作由整车控制器控制。   （   ）
4. 特斯拉 Model3 的电驱冷却系统与 HV 电池包内变流系统是同一个冷却循环。
                                                                （   ）
5. 比亚迪 E5 电驱冷却系统的三合一平台与四合一平台电驱冷却系统都是强制循环式冷却系统。   （   ）

二、选择题

1. 下列部件不是比亚迪 E5 电驱冷却系统组成的是(   )。【单选题】
   A. 散热器   B. 电动水泵
   C. 电动风扇   D. 深冷器
2. 2019 款比亚迪 E5 电驱冷却系统(三合一平台)的无级风扇是由(   )控制的。【单选题】
   A. 电机控制器   B. 空调控制器
   C. 整车控制器   D. 主控制器
3. 下列是特斯拉 Model3 超级水壶组成部件构成的是(   )。【多选题】
   A. 储液罐   B. 冷却液泵 P1
   C. 冷却液泵 P2   D. 深冷器
   E. 流向控制阀   F. 电子控制器
4. 下列是特斯拉 Model3 电驱冷却系统组成的是(   )。【多选题】

A. 储液罐 B. 冷却液泵 P1
C. 冷却液泵 P2 D. 深冷器
E. 流向控制阀 F. 散热器

三、简答题

1. 简述比亚迪 E5 电驱冷却系统组成与工作原理。
2. 简述特斯拉 Model3 组成与工作原理。